U0540635

未讀DR | 思想家

UNREAD

如何屠龙

中世纪英雄冒险指南
（真实世界ver.）

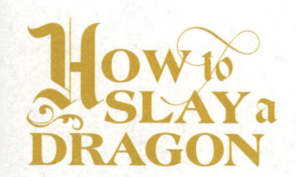

〔美〕凯特琳·史蒂文森 著
陈敬思 译

How to SLAY a DRAGON
A Fantasy Hero's Guide to the Real Middle Ages

北京联合出版公司
Beijing United Publishing Co., Ltd.

如何屠龙：
中世纪英雄冒险指南

[美] 凯特琳·史蒂文森 著
陈敬思 译

图书在版编目 (CIP) 数据

如何屠龙：中世纪英雄冒险指南 /（美）凯特琳·史蒂文森著；陈敬思译. -- 北京：北京联合出版公司，2023.6（2024.11 重印）
ISBN 978-7-5596-6868-4

Ⅰ. ①如… Ⅱ. ①凯… ②陈… Ⅲ. ①世界史－中世纪史－通俗读物 Ⅳ. ① K109

中国国家版本馆 CIP 数据核字 (2023) 第 095786 号

HOW TO SLAY A DRAGON: A Fantasy Hero's Guide to the Real Middle Ages
Text copyright © 2021 by Caitlin Stevenson
Published by arrangement with the original publisher, Tiller Press, an imprint of Simon & Schuster, Inc.
Simplified Chinese Language Translation copyright © 2023 by United Sky (Beijing) New Media Co., Ltd.
All rights reserved.

北京市版权局著作权合同登记号 图字：01-2023-1833 号

出 品 人	赵红仕
选题策划	联合天际·社科人文工作室
责任编辑	周 杨
特约编辑	宁书玉
美术编辑	梁全新　程 阁
封面设计	孙晓彤

出　　版	北京联合出版公司
	北京市西城区德外大街 83 号楼 9 层 100088
发　　行	未读（天津）文化传媒有限公司
印　　刷	北京雅图新世纪印刷科技有限公司
经　　销	新华书店
字　　数	200 千字
开　　本	889 毫米 × 1194 毫米 1/32 7.75 印张
版　　次	2023 年 6 月第 1 版 2024 年 11 月第 7 次印刷
ＩＳＢＮ	978-7-5596-6868-4
定　　价	88.00 元

关注未读好书

客服咨询

本书若有质量问题，请与本公司图书销售中心联系调换
电话：(010) 52435752

未经书面许可，不得以任何方式
转载、复制、翻印本书部分或全部内容
版权所有，侵权必究

献给马克·史密斯博士

他深知，对过去的热爱意味着要将其传承下去

目录

作者有话说　V
中世纪速通秘籍　VII

准备远征　3
如何找到天选之人　4
如何避免嫁给王子　9
如何找到你的导师　13
如何训练一名巫师　18
如何选择对抗邪恶时的衣着　23

旅店奇遇　31
如何找到旅店　32
如何应付吟游诗人　36
如何战胜江湖骗子　42
如何与酒馆女招待调情　45
如何在酒馆斗殴中取胜　51
如何逃离旅店　55

踏上征途　61
在（字面意思的）路上　62
如何旅行　66
如何保持个人卫生　71
如何应对（必然会有的）强盗袭击　77
如何穿越被诅咒的沼泽　81
如何与魔法森林交朋友　86
如何穿越不毛之地　92

沿途险境　101
如何应对巨龙袭击村庄　102
如何屠龙　106
如何驯服巨龙　110
如何在海怪的袭击中幸存　115
如何不被吃掉　121
坏天气应对指南　125
如何活过无尽寒冬　129
如何打败蛮夷部落　134
如何智胜神灯精灵　138
如何找到独角兽　144
挖宝指南　149
如何扑灭大火　154
如何召回古神　160

战场告捷　167
如何点燃烽火　168
如何拯救公主　172
公主选择自救　179
如何窃取王冠　184

满载而归　189
如何抱得公主归　190
如何嫁给王子　197
如何像国王一样纵情宴饮　202

世界天翻地覆　210

致谢　211
参考文献　213
拓展阅读　215
译名对照表　217

如何屠龙

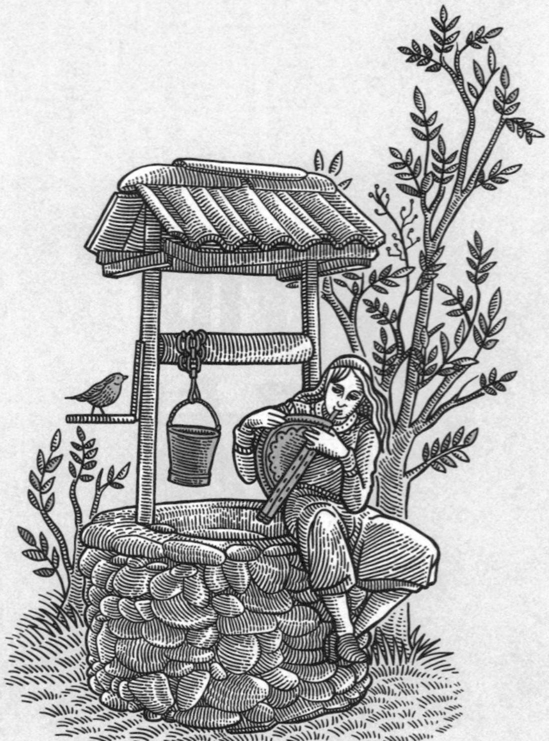

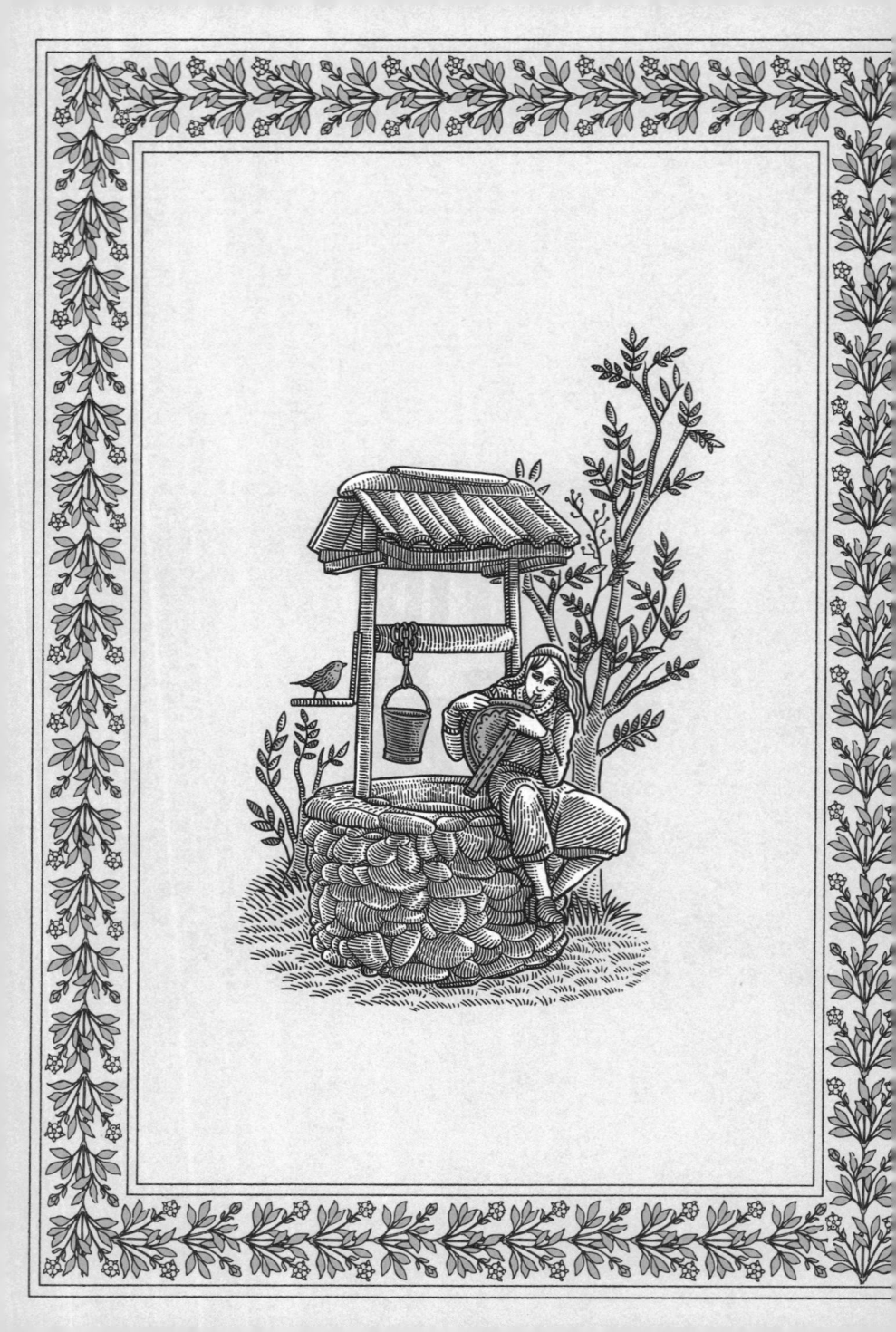

作者有话说

五年前，有人问我，中世纪的统治者有没有考虑过，如果有巨龙袭击他们的城堡该怎么办。我随口给了一个很平庸的回答，大意是"黑暗时代"其实并不黑暗，中世纪的人们也很清楚，龙只存在于神话当中。但这个答案的激情在哪里？想象力在哪里？**历史**又在哪里？这个回答怎么能吸引你走进另一个同样属于我们人类的世界呢？比起给出这样不走心的回答，我本应想到开罗贫民窟中的人们如何扑灭在屋顶间蔓延的大火，或是伦敦居民如何努力对抗空气污染。这五年来，我一直在为那天我的答复而后悔，这本书便是我的忏悔之作。

在这本书的副标题中，我说我们谈论的时代是"真实的中世纪"[1]——尽管这本书里的故事读起来没那么传统，但这确实是一本历史书，书中的故事、事实和人们对中世纪的描述都来自经同行评议过的文献或我本人查阅的原始资料。本书中脚注极少（而且绝无尾注，因为尾注显然是心怀怨气的恶魔精灵发明出来的），书后我列了一份不断更新的参考文献清单来保证我表述的真实性。书中引用的很多原始资料都出自我本人之手，但由于无法获得部分文本的原始语言版本，而且我不懂阿拉伯语，所以也不时依靠其他学者的研究成果，他们的著作我已在本书末尾的参考文献中列出。

在本书的某几章中，我对一些原始资料的理解与当前学界的

1　原书副标题为《真实中世纪的幻想英雄指南》。——编者注

主流观点不同。我在每一处都尽力为我的看法给出简单的解释,但不用担心,这本书并不是用来大搞学术争论的战场。

"问问历史学家"（AskHistorians）论坛是世界上最大、最成功的公共历史论坛之一,我在该论坛发言投稿已有五年之久（真是无巧不成书呢）。在这本书里,我在很少的情况下会借用自己之前在论坛发言（我的用户名：/u/sunagainstgold）中的一些想法,甚至会复述几句原话,根据红迪网（Reddit）的服务条款,我拥有自己在"问问历史学家"论坛中发布的所有帖子的版权。

在某些情况下,我还是遵循了学界的惯例,例如在提及历史名人时使用其现代通用名（譬如将查理曼大帝写作"Charlemagne",而非拉丁语的"Karolus Magnus"）,而在提及一些不那么出名的历史人物时则保留其原名（譬如保留卡塔琳娜·图赫尔的德语拼写形式"Katharina Tucher",而非将其转写为英语中对应的"Catherine Tucher"）。非拉丁字母均经音译转写为英文使用的字母,并删去了变音符号（如将ā改写为a）。因为中世纪的语言们爱你,它们希望你过得开心,所以尽管某个斯洛伐克强盗家族的名字既可以写成"Glowaty"又可以写成"Hlavaty",但其实指的都是洗劫了同一座小镇的同一群人。遇到这种情况,我会统一选择其中一种拼写方式。

而在其他情况下,我对学界惯例的无视可能已经到了让其他中世纪专家如坐针毡、痛不欲生的程度,其中最明显的一点就是,除非绝对必要,否则我一定会使用现代地名（以及,中世纪结束于16世纪20年代,在这个问题上绝对是我对,*就是我对*）。

说了这么多,我只是想告诉你,中世纪是最棒的时代,而我已经尽了自己最大的努力,将我的这份热爱传递给你。

中世纪速通秘籍

千年，半个地球。中世纪世界存在了一千年，这个世界的居民包括当时地球上一半的人口，而你可能是这些人中的任何一个。

你可能是玛格丽塔·博伊特勒。在她富有的丈夫英年早逝后，她将所有家产都捐给了穷人，自己则在德国西南部旅行了五年，一路上的盘缠全来自那些把钱捐给了她，而没有捐给穷人的人。在一个不允许女基督徒公开传教的年代，她极有可能在旅途中一边走一边传教，直至在马尔堡被逮捕，因为人们指控她是"邪恶的盗贼"，她也因此被判以溺毙。可以理解，博伊特勒更乐意结交一些有权有势的朋友。在这些朋友的帮助下，她加入了一所修道院，之后又建立了几所由她亲自管理的修道院。

你也可能是皮耶特罗·隆布洛，一名阿拉伯裔意大利商人。他前往埃塞俄比亚成家立业，成了埃塞俄比亚国王派往意大利（还可能派往了印度）的大使，并与一名主教以及一名埃塞俄比亚裔意大利仆人交上了朋友。

你起码还可以是巴尔扎克·本·山鲁亚尔，虽然他不是真实存在过的历史人物，但依然算是个名人，他最出名的事迹就是写了一本书。在这本书里，他记录了别人讲给他听的各种不可思议的神奇故事，故事里有海盗，有海怪，还有在世界尽头之外的小岛。

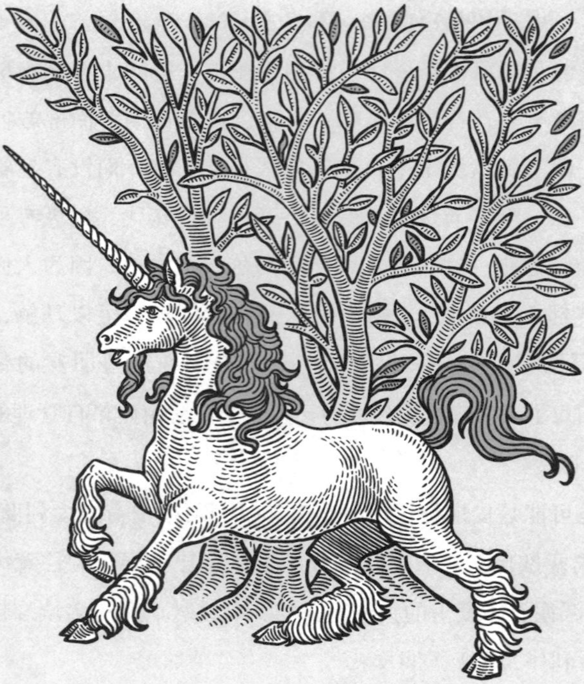

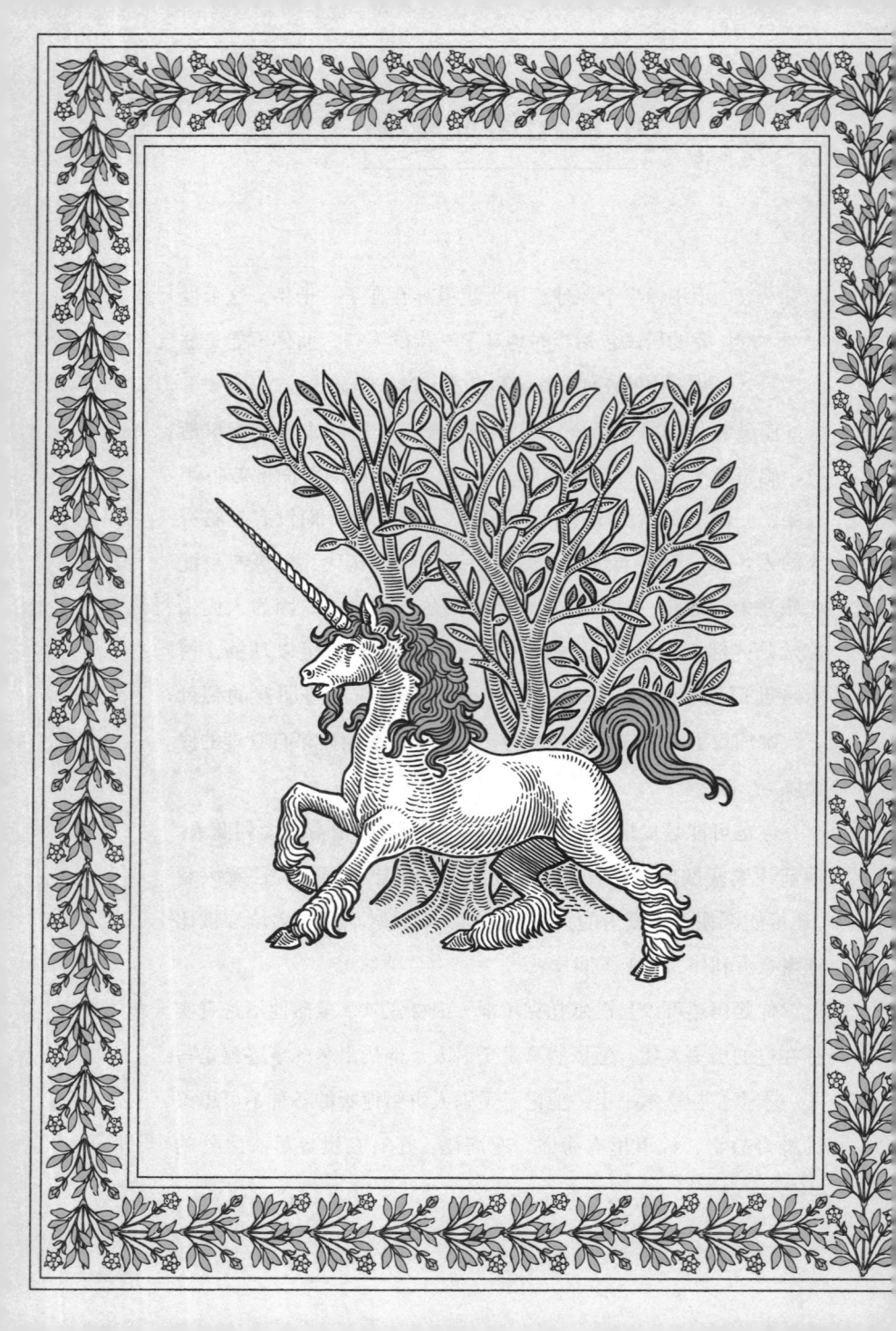

但你并不是他们。

你就是……你。你生在一座小村庄里,最近的、有集市的"城镇"在14英里[1]外,而最近的、不用打引号的真城镇则在1400英里外。村里人人都在兴奋又恐惧地议论着世界末日的降临,但你只是郁闷地想,末日哪怕真的降临了,恐怕也根本看不到这个微不足道的破村子。

一名神秘的不速之客在日暮时分策马前来,他灰头土脸地(毕竟当时只有主干路铺设了路面)在马上大喊大叫,手中还挥舞着一部手抄本。你终于兴奋了起来,更让你激动的是,他是来找你的(他当然是来找你的,你可是这个故事中的英雄呢)。

不速之客一手举着摇曳的火炬,一手抓着你的胳膊,把你拖到了村子里唯一的街道上。你很害怕,但还是英勇地决定直面挑战,于是你跟着他走了。

当然,鉴于你家这边的农民都住在农田环绕的村庄里,要想找到方便说话的僻静地方得走不少路。终于,这名不速之客找到了一片泥地,然后愉快地将自己的斗篷铺在了上面。坐定之后,他把那本书递给了你。

"哎呀,我哪看得懂这个啊。"你说。

不速之客耸了耸肩:"嗨,没事儿,我也没指望人人都能跟图德拉的本杰明一样,就是那位从西班牙游历到阿拉伯,还记录了意大利街头混战的犹太探险家。但这本书可以为决意斩杀巨龙、夺取王位,并顺路打败几窝超自然邪恶生物的英雄们提供指点。虽然中世纪并没有公共教育系统,但像你这样的中世纪农民对村庄之外广阔世界的了解其实远远超过老师能教给你的。尽管如此,在出发之前,先了解一点儿外面世界

1　1英里约等于1.609千米。——编者注

的背景知识还是有用的。"他顿了顿,"幸好现在还没有'拼写规范'这回事儿,不然我们还得来个发音指南。"

中世纪速通秘籍自此开始

你一直想去的远方

中世纪世界有四大特色:很圆、很大、不完整、有海怪。

关于第一大特色:这是事实,而且人人都知道。

至于剩下的三个嘛……

无论是从地理学角度来看,还是把它当作一个诡异的比喻来看,"中世纪世界"都是一条在地中海里游动的九头蛇。它的触手缠绕在三个大洲上——亚洲、非洲和欧洲。

对你(和中世纪的地理学家)而言,"亚洲、非洲和欧洲"大概是这么一片地方:最南端是沿着东侧向南弯曲的非洲北海岸;最东端是阿拉伯半岛及其以北的陆地;最北端是俄罗斯西部向北至斯堪的纳维亚的地区;最西端则是欧洲另一头,被画在地图角落里的英格兰。至于冰岛,那就更远了,比冰岛还远的只有可怖的外海,以及食人族。

而在许多地图上都没有展现的现实世界中,这条九头蛇最细的触手触及了更远的地方。西非各王国、斯瓦希里城邦、印度以及中国之间连接着由许多旅行通路织成的网,而这些触手则紧紧缠着路网间的网扣("网扣",即"nexus",在拉丁语里的复数形式竟然不是"nexi",真是太不公平了)。来自加拿大北部的图勒商人为贩卖黏土器皿而长途跋涉到格陵兰岛,北欧的冰岛人驾船抵达了加拿大南部海岸,将冬南瓜带回了家乡。总而言之,中世纪世界是很大的。

作为即将开启一场正经奇幻冒险的正经英雄，你在旅途中会前往外海，甚至会涉足遥远的南方国度——那里气候炎热，天上的炎炎烈日让地面都着起了火。但不管怎么说，在你熟悉的亚洲、非洲和欧洲之外，还存在着其他繁荣发展的文化，可它们并不是"中世纪世界"的一部分：无论是在文化方面还是政治方面，它们经历的转变并不能被强行划分为古典时代和中世纪两个阶段。

和每个历史时代一样，中世纪没有明确的开始和结束日期，只有一系列模糊的时间节点，而它们唯一的共同点就是会把不同节点的支持者全都气得七窍生烟。因为你是英雄，你不用按规矩办事，所以指导你思考的中世纪起止时间也并非传统惯用的那两个节点，即中世纪始于罗马城再次遭到蛮族劫掠的476年，结束于英法两国终于不愿再互殴的1453年。与此相反，你更倾向于认为，对一座城市的入侵并不能加快一个帝国灭亡的进程，而用地图角落里发生的政治事件来为一个时代画上句号，对个人生活而言也不会造成任何改变。

对你而言，标志中世纪起止点的是两个革命性的事件。它们以看似不可思议的方式重塑了世界的形状。7世纪中叶，在阿拉伯诞生了一个新宗教，其早期信徒的狂热驱动了阿拉伯人征服近东与北非，一路直抵伊比利亚半岛南部。到16世纪20年代，"新版"基督教在西欧的意外诞生击碎了世界上最强大也最持久、牢固的势力——在此之前，人们把它称作"教会"。

中世纪在这一千年里见证了两次重塑部分地缘政治版图的尝试。其中一次成功了，但效果十分平淡：伊比利亚半岛北部的基督教王国花了将近五百年的时间，成了整个半岛的统治者。这些王国声称这是收复失地的行为，然而事实并非如此。首先，在它们看来，直到711年一直统治着伊比利亚南部的基督徒同样是异端；其次，这些基督教王国把大部分的时间都花在了互相争斗上。

而那次……没那么成功的尝试嘛,其实就是西欧的那些基督教王国试图征服近东的一部分土地。如后世所知,第一次十字军东征(1096—1099年)多少算是成功了,但在随后的一百五十多年里,穆斯林又将这些来自西方的基督徒揍回了老家。接踵而至的第二次、第三次、第四次、第五次、第六次、第七次、第八次和第九次十字军东征,既没有重现第一次的成功,也没能让西欧人品味出他们的战斗口号"以神之名"(God wills it,拉丁语为"Deus vult")有多么讽刺:整支十字军队伍被俘,光是赎回国王一个人就得耗掉法国全国年收入的三分之一,这样一场东征很难称得上成功。难上加难的是,这位国王在另一次东征中率军远赴突尼斯,却迅速因可怕的腹泻离世。

(与此同时,东正教基督徒们的确在夺回旧领土方面取得了一些暂时性胜利,但本书的重点是这个吗?并不是。)

现在这段你希望能够指引你的中世纪故事,同样是人们试图从内部重塑"基督教世界"和"伊斯兰世界"的故事。在有些人看来,中世纪发生的改变包括人口的大规模增长、城市的重生与振兴、科技的发展、教会的权力在西欧扩张到令人震惊的程度、以宗教或种族为由不断施加的迫害,以及其他在趣味问答中才会用得上的冷知识。至于政治方面嘛……中世纪这一千年间,在同一片地方按照时间顺序依次(偶尔也同时)存在过:

- ♦ 勃艮第人部落;
- ♦ 勃艮第王国(第一个勃艮第王国);
- ♦ 勃艮第王国(第二个勃艮第王国);
- ♦ 上勃艮第王国与下勃艮第王国;

- 阿尔勒王国（由上勃艮第王国与下勃艮第王国合并而来）；
- 勃艮第公国；
- 勃艮第伯国。

这还没算下勃艮第王国又被称为普罗旺斯王国的那段时间。普罗旺斯的统治者其实只是位伯爵（但他也是位国王，只不过是意大利的国王）。

中世纪世界（极简速读版）：
- 很大，但并不包括整个地球和地球上的全部人口；
- 基督教王国大都位于地中海以北；
- 伊斯兰王国大都位于北非和近东；
- 包括同样信仰基督教的拜占庭帝国，它位于安纳托利亚高原，被挤在伊斯兰国家和西方基督教领土中间，但大部分人并不关心；
- 差不多结束在16世纪20年代；
- 在基督徒和穆斯林的混战中，"神"唯一的"旨意"就是让法国国王死于痢疾。

你急着想见的人们

无论如何，中世纪的人首先同样是人。他们会在13世纪的埃及怀抱爱犬进入梦乡，也会在14世纪的英格兰为了给狗狗取一个好名字而列出长长的清单。他们会欺骗，他们会撒谎，但他们也会爱自己的孩子，会为了照料瘟疫患者而自愿付出生命的代价。

中世纪的人们信仰着不同的宗教，或是同一宗教的不同派系。总的来说，中世纪的宗教不太像是一连串信仰清单，更像是那个世界的以太，是一种隐形的沟通网络，人人都知道它的存在，人人都或多或少地参与其中。它构成了人们与宗教并无关系的日常生活的背景，甚至影响着人们的生活方式。

在中世纪世界，宗教可能是（除性别外）对一个人的身份影响最大的因素。因为，亲爱的英雄，无论你信仰的是基督教、伊斯兰教还是犹太教，在你成长的过程中，你被灌输的关于**其他人的**宗教信仰的观念都错得离谱，而且侮辱性极强（即便他们是你的邻居也不能幸免）。如果你信仰基督教或者伊斯兰教，你就需要知道，犹太人只信仰唯一真神，认为他是宇宙的创造者。犹太教认为，犹太人，即以色列民族是上帝的选民，他们对待"人民"和"民族"这两个词的态度可是非常严肃的。犹太人并不试图让其他宗教的信徒皈依犹太教。犹太教既是一个宗教，也是一个民族，只不过团结这个民族的不仅有民族身份，还有一套共同且广泛的宗教法律。正因如此，中世纪的犹太人并没能拥有自己独立控制的领土，而是分散在欧洲和近东的各个城市中生活。到中世纪的后半部分，欧洲人越来越痴迷于**秩序**（无论是在科学层面、社会层面还是政治层面），而他们定义秩序的方式便是惩罚违反秩序的行为。对生活在信仰基督教的西方国家中的犹太人而言，这种惩罚意味着被迫皈依基督教、被逐出家乡甚至被逐出国家，或是面对将城中所有犹太人赶尽杀绝的反犹暴乱[1]。

说到这里就不得不谈谈某个宗教了：它不仅将犹太人的上帝据为己

---

[1] 原文"Pogrom"一词来自沙皇时代的俄语，指以屠杀或驱逐特定民族或宗教群体为目标的行为，原指中东欧针对阿什肯纳兹犹太人发起的此类事件，现泛指针对犹太人的暴力事件，例如1938年纳粹德国策划的"水晶之夜"。——译者注

有，还把犹太人的《圣经》也抢了过来，甚至给《圣经》写了个续集，却转头就忘了"犹太人是上帝的选民"这句应许之言。作为一个中世纪（以及现代）的宗教，基督教有两大独特之处。如果你是基督徒，那你信仰的上帝其实是三位一体的：圣父、圣子还有圣灵。圣子降生为人，名叫耶稣，是个生活在巴勒斯坦的犹太木匠，历史上确有其人。他发起了一场宗教运动（你可以猜一下是哪件事），并允许别人把自己钉在十字架上，好让人类不至于永生永世都在地狱中受苦。

基督教的第二大独特之处在于，它有着强大的中央权力和官员等级制度，也就是说，教会。对，就是那个教会，尽管早在中世纪之前就已经存在不止一个教会。以罗马为中心的西方教会本身就是一种政权，而教会的许多官员本质上也都是地方领主（但其他官员，特别是在地方工作的祭司，比如造访你村庄的那位，往往还需要靠第二份工作来维持生计）。

中世纪基督教宗教生活的核心是举行正式的教堂仪式，称作"弥撒"。弥撒的核心仪式则是"圣餐"。简单讲解一下，圣餐是一种仪式性餐食，由葡萄酒和薄圆饼（西方教会使用）或真正的面包（其他教会使用）组成，目的是重现基督（在中世纪的大部分时间里，人们几乎只这样称呼耶稣）在十字架上的死亡，并让信徒们身体力行地参与到战胜罪恶与死亡的过程中来。

伊斯兰教是中世纪的第三大宗教，如果你信犹太教或基督教，那你需要知道，穆罕默德是伊斯兰教的创传者，也是伊斯兰教的核心先知与神使。

中世纪穆斯林的日常宗教生活围绕着祈祷展开，伊斯兰教鼓励他们每天祈祷五次，而且要格外重视周五这一天。较为富裕的穆斯林，包括妇女在内（她们可以自由支配自己的金钱和财产）会非常认真地对待宗教在资助、捐款方面对他们的要求。如果你是个穆斯林，那你会希望有生之年能完成朝觐，即对穆斯林而言最为重要的朝圣之旅。一方面，因为付不起路费而终生无缘前往麦加朝觐的穆斯林大有人在；另一方面，也有富裕如马里的穆萨国王之流。他在途经埃及时慷慨解囊，掏出大把的黄金来做慈善，凭一己之力使地中海地区的经济崩溃了十年之久。

犹太教、伊斯兰教和基督教并非中世纪世界仅有的三大宗教，柏柏尔人和萨米人就是保留了本土信仰体系的典型代表。穆斯林作家常常用古希腊神话解读印度教和琐罗亚斯德教，而基督徒……基督徒让信仰异教的国王与王国皈依自己，然后把所有幸存的关于异教的信息记录下来，再在基督教作家宣传机器一般的二次加工后加以传播。

当然，单靠地理环境是没法判断中世纪人的宗教信仰或肤色的。伊比利亚半岛的伊斯兰地区同时生活着穆斯林、犹太人和基督徒，是阿拉伯人、柏柏尔人以及金发碧眼的穆斯林共同的家园，而且至少有一人为了融入环境，将自己的红发染成了黑色（那些说所有穆斯林都是"黑人"的基督教作家可以歇歇了）。13世纪的德国匠人也许从未离开过他们出生的小镇，但他们雕出的圣像，若是单看肤色与面相，几乎和居住在非洲撒哈拉以南的伊斯兰地区附近的阿拉伯商人别无二致。来自信仰伊斯兰教的开罗的犹太商人会参与到印度洋的商贸活动中，而信仰基督教的希腊女子也会嫁给穆斯林或是信仰萨满教的蒙古可汗。

有一说一，哪怕没有这些地理科普或者其他任何形式的指南，你大概也知道，基督徒有时会忽然对持不同信仰的邻居们残忍得可怕，翻脸比翻书还快。这大概就是人类的本质吧。

如何屠龙：中世纪英雄冒险指南

中世纪的人们（极简速读版）：

♦ 中世纪的人们可能很善良；

♦ 中世纪的人们也可能相当邪恶；

♦ 狗狗就是最可爱的！

中世纪速通秘籍 全文完

终于，你再也听不下去了，你从不速之客手中抢过这本书。"不！"你几乎是边喊边翻开了它，一巴掌拍在了第一页的大段文字上，"我对这个世界了解很多的！我只是看不懂这些字儿，因为我也是那94%～99.9%的不识字的农民中的一个！"

"暂时不识字，"神秘的不速之客无视了你语气中的急躁，继续说道，"你只是现在还不识字。但这没关系，我可以念给你听，不然你要怎样学会踏上英雄的征途、亲历种种冒险、斩杀巨龙、击败邪恶力量、拯救世界呢？"

他拿回了书，虔诚地抚平了第一页。星星在你头顶漆黑的夜空中闪闪发光，不受空气污染或光污染的影响。摇曳的火光与影子在羊皮纸上起舞，陌生人读了起来。

"屠龙英雄宝典自此开始……"

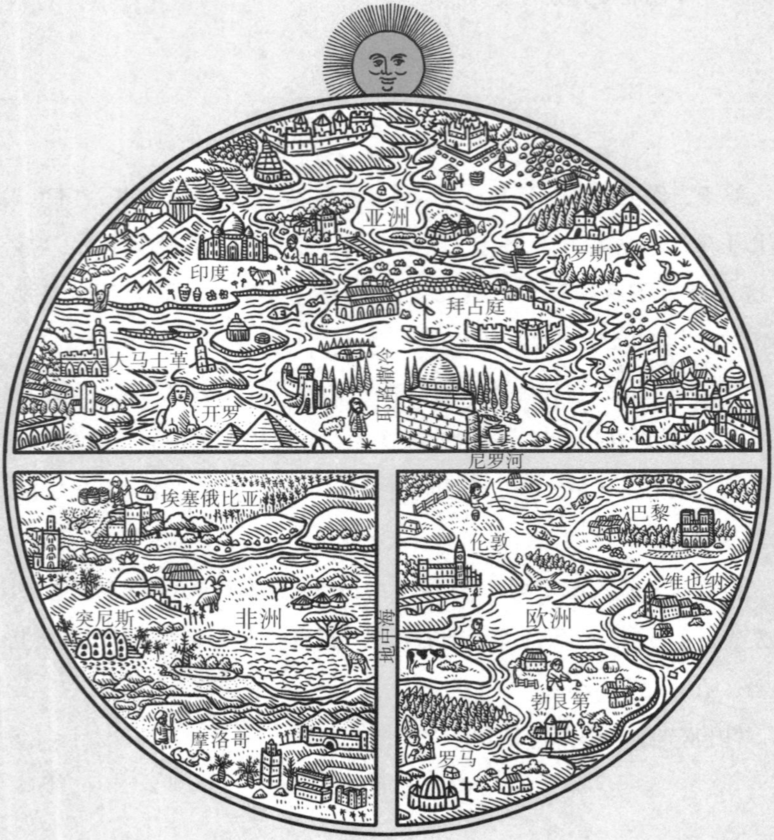
亚洲
罗斯
印度
拜占庭
大马士革
耶路撒冷
开罗
尼罗河
埃塞俄比亚
巴黎
伦敦
维也纳
突尼斯
非洲
欧洲
地中海
勃艮第
摩洛哥
罗马

屠龙英雄宝典

自此开始

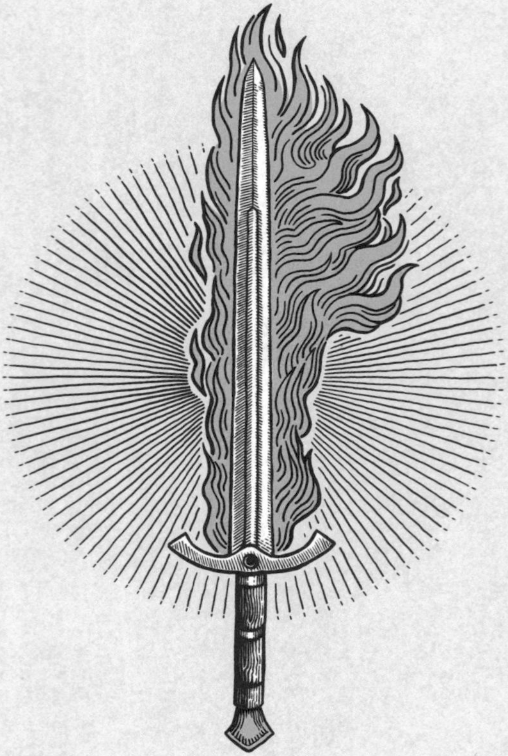

准备远征

如何找到天选之人

你出生那天,天上下蛇雨了吗?太阳西升东落了吗?你母亲有没有不小心透露过你父亲其实是魔鬼伪装的?

如果你能对以上任何一个问题给出肯定的答复,那就完蛋了。成为英雄的第一条规则就是,你最好别是天选之人,而上述三条都是天选之人的征兆。

严格来说,在中世纪成为天选之人并不一定是件坏事。地中海周围的中世纪世界中最为盛行的三大宗教(伊斯兰教、犹太教和基督教)都在期待着神选之人降临,好将他们从苦难中拯救出来(这是一种礼貌的说法,其实他们想说,帮他们狠狠地屠杀他们的敌人)。但实际上,最受欢迎的天选之人是基督教最喜欢的假弥赛亚,即邪恶的敌基督,预言中称他被亚历山大大帝关在了歌革和玛各之门外面。若守卫大门的亚马孙人被击败,他便会重获自由,将末日与毁灭降向人间。

毁灭世界可不是英雄该干的事儿。

但成为英雄的第二条规则是,你确实要是天选之人。这就意味着你冒险的开端将围绕着两个关键问题展开:正义或邪恶势力是如何找到你的?当他们找到你时(他们绝对会找到你的),你能对抗命运和恶龙吗?有三种可行的解决方案供你参考。

⚜ 我命由我不由天之一:神授异象

天空中,一个硕大的轮子正熊熊燃烧着,烈火和一千柄利剑构成了轮子的外圈。火轮被十三条锁链悬在天上,只有十三位天使看守着它,防止轮上的火焰点燃大地,毁灭所有的人类。

随后,整个天空变成了一片火海,火焰坠向大地,惊恐的人们逃进最深的洞穴,但那里同样无处供人藏身。只有先前注意到其预兆的人们幸存了下来,前提是他们永远不能回头看。

这是你想要为之奋斗的未来吗?

如果你不想让这个画面成为现实,那么最好开始相信神之启示,哪怕启示里说你就是天选之人。中世纪的女基督徒们会很希望你相信的。

中世纪的教会禁止女性在公共场合传教。然而从12世纪开始,有些女性发现,如果她们能让祭司们相信上帝在借自己之口说话,那她们就可以传教了。深感受到忽视的男性们安慰自己说,如果说女性在体格和精神上都弱于男性(这一判断来自以准确度闻名的中世纪医学),那上帝自然会觉得通过她们说话更容易。

她们想用这招大获成功,甚至小获成功的概率都很低,但无论是以她们宣称自己感受到的异象来看,还是从她们利用凭此获得的权力所做的事情来看,这些成功者的表现都很戏剧化。修道院院长希尔德加德·冯·宾根(1098—1179年)以作曲家、神学家、给予建议的专栏作家和世界末日预言家的身份名扬欧洲,男人们会以她的名义编造预言,只为了让它们看起来更可信。马格德堡的梅希蒂尔德(死于1292年)选择在修道院的围墙之外打造她独一无二的宗教生活,这让教会高层勃然大怒,威胁要烧掉她的书——这是第一步,为了最后把她也烧了。身兼农民和政治活动家双重身份的玛丽·罗宾(死于1399年)看到了千剑火轮的异象,她借此机会大赚了一笔,并决定搬去公墓里住。

当然,希尔德加德有关世界末日的预言并没有成真,梅希蒂尔德的预言也没有应验。而且不知怎的,玛丽的火轮也没有从天而降,所以人类也没有逃去山洞里避难。

虽然世界末日放了你鸽子,但这不代表在寻找天选之人时神谕和异象也不可信,这只是意味着你需要对它们做出正确的判断,好找到正确的天选之人。在这种情况下,我们要找的是罗伊特的伊丽莎白·阿赫勒(1386—1420年)。

伊丽莎白·阿赫勒是一名修女,后来还成了圣人,但你会相信她的预言并不是因为这个。你之所以会对她有所期待,是因为她创造过这样的神迹:她曾经为她的社区找到一口新的水井,让附近的人们不必再在寒冬腊月里跋涉到河边打水。而她预言准确的证据则是她预言的结果:撕裂西方教会的"东西教会大分裂"将在康斯坦茨的一场会议上结束。

当然,她所见的异象并没有告诉她更多的东西。当然,关于她这个预言的唯一记录是在事发几年后才写成的。当然,记录预言的那本书里有一半的内容都是对教会的宣传。

但是!异象还是灵验的!

至少全是废话的那些都应验了。

❀ 我命由我不由天之二:求签问卜

剑、水晶、镜子、羊肩胛骨……也许换一种更接地气(接的是没着火的"地")的方式寻找天选之人会让你心里更有底气一些。对让人们了解现在、预知未来的媒介,中世纪世界可不怎么挑剔。对当时的人们而言,万事万物都源自上帝,都被上帝亲自安排在各自的位置上,有的在地上,有的在天上。几乎人人都认为,万事万物就像物理和化学一样,都能揭示时间的秘密。

当然,总有那么一些人出来泼冷水,认为试图揭开这些秘密就必然要跟邪恶势力纠缠不清。但让人毫不意外的是，依然有人在追寻这些秘密，也依然有人在传授这些秘密。

由于中世纪的精英阶层对记录农民们的想法特别不感兴趣，所以曾流传于民间的看手相、占星术与占卜的传统现今几乎都已失传。但幸运的是，那些学者确实做了一些记录，将学术知识和他们从小看到大的"人气"实操方法结合了起来。

而且他们记录的内容真的相当丰富。

想研究明白牛骨为什么能显示战争结果，为什么能显示有多少女人不想嫁给你？不想知道它背后什么原理，但希望能有图表和表格来教你解读牛骨的预测？太棒了。供你查阅的资料有用阿拉伯语、希伯来语、拉丁语和中世纪希腊语写成的书，源自古希腊或古罗马的书，以及声称自己源自古希腊或古罗马的书。鉴于不同的占卜书之间经常有意见分歧，所以你肯定会多读几本。

例如，1300年前后，有一本匿名作者的无名占卜书宣称，手小的男人可能会给人留下很好的第一印象，但迟早会背叛你，而手小的女人则对男人不感兴趣，更不想和他们发生关系。而14世纪50年代的一本（同样来自匿名作者的无名）占卜书则会告诉你，如果贯穿你掌心的三条掌纹中有一条在无名指根部结束，那你将"死于水中"。

或者我们来研究一下掌纹围成的三角形。这个三角形的顶点一个在手掌的外沿，一个在食指和拇指之间，还有一个差不多在手掌底部。如果你是英雄，那你手上的三角形应该是等边的——等边三角形意味着你值得信赖，而且成名在望。如果上面那根线比较长，那你就是个小偷。哦，如果这些线里有哪根看着很"苍白"，那恭喜你，你要死在绞刑架上了。

赶紧找点儿黑墨水，描黑你掌心的三角形吧。

我命由我不由天之三：古诗有云

去15世纪的纽伦堡客栈买上一夸脱[1]啤酒，或者去13世纪的开罗街头派对上来一桶葡萄酒放松庆祝一下吧。当人们谈论某本被遗忘的手抄本上的古代预言是否成真时，命运已经吃了败仗。

如果你是生活在中世纪的穆斯林，那你可能根本没有想过古代诗句里还会有预言这回事儿。伊斯兰教和它的主要先知都诞生于中世纪。对你而言，古代诗歌全都是来自真主启示之前那个时代的异教诗歌，它们得以流传至今的唯一原因就是里面用到的阿拉伯语可以为人们解读《古兰经》提供帮助。

如果你是生活在中世纪的犹太人，那你可能正对着基督徒暗中偷笑，因为他们坚定地相信某个从加利利来的农民应验了你们的弥赛亚预言。而当你想到，尽管基督徒因为犹太人知道他们错得离谱而频繁迫害你们，但他们"不知为何"就是打不赢上帝的选民时，你偷笑得更开心了。

如果你是生活在中世纪的基督徒，那被你拿来当作预言的这篇和《圣经》无关的"古诗"很有可能非常"中世纪"。这种诗歌的作者为了让自己的作品更能引发读者的兴趣，总是会装得它们很有年头。

所以，无论说你是中世纪世界天选之人的是神谕、占卜还是古老诗歌，你都可以放下心来了。命运已经和自己左右互搏过了，而且它输了。

但在享受那一夸脱啤酒或一桶葡萄酒时，记得选没那么烈的、能当日常饮料喝的那种。你也许已经明白了如何不成为天选之人，但你依然有一条龙要斩杀。

是时候成为独一无二的英雄了。

1　1夸脱约等于1.137升。——编者注

如何避免嫁给王子

所以说,你准备去斩杀一条龙、夺走一个王位,也许还准备结束一两个邪恶政权的统治。但你想不想把羊变成蝗虫?想不想比全世界最棒的五十位学者更聪明?还是说你只是想用闪电杀死虐待你的某个人?

如果以上有某一句说中了你的想法,参考一下超级圣洁的宗教女性们的例子也许会对你有帮助。的确,安条克的玛格丽特、尼科米底亚的芭芭拉和亚历山大的凯瑟琳都遭受了酷刑折磨,最终还被处死,但她们也并非历史上真实存在过的人。尽管如此,中世纪的基督徒们依然珍视这些"童贞殉道者"的传说,因为他们最清楚一个道理:如果你想成为(女)英雄,你就不能嫁给王子。

马克耶特的克里斯蒂娜就很清楚这一点。她在历史上确有其人,是一位大约生活在1096—1155年的英国女贵族。她十几岁时,(不能结婚的)达勒姆主教想娶她为妾。因为担心自己不足以凭身体反抗他,她把主教反锁在了他"求婚"的房间里,然后逃走了。但她的成功逃脱并没能阻止她的父母和被拒绝的主教合谋,将她许配给一个与她年纪相仿的贵族。克里斯蒂娜别无选择,只能想办法逃跑。她藏在一张挂毯后面,紧紧抓住墙上的钉子把自己吊在空中,这样她的脚就不会露在挂毯下面,让自己被举着火把搜查房间的准丈夫和他的同伙们发现。她做好了充分的准备:她从另一扇门逃出了房间,跳出窗户,翻过栅栏,然后溜之大吉。之后，她要做的就是找到自己的帮手，换上男人的衣服，然后尽快骑马到一处能让她藏身的地方去。

哦，还要通过唱宗教歌曲抵御癞蛤蟆的侵扰。

的确，这个故事是有那么一点儿不现实。（是从哪里暴露的呢，癞蛤蟆吗？）这段有关克里斯蒂娜早年生活的唯一记录被称为"圣徒传记"，特点就是通过重点描写传记故事中的种种细节，向基督徒读者展现主人公的神圣性。克里斯蒂娜的冒险故事可能发生过，也可能没发生过，但对读者而言，这个故事是"真实"的。它告诉读者，她是一位圣人，就像盔甲、泥巴和维京人的存在告诉你现在是中世纪一样。

但对为法蒂玛王朝的"权力掮客"西特·穆尔克撰写编年史的史学家们而言，就算没有这样的宗教动机，他们也可以讲述她的故事。

西特·穆尔克，这位幕后"军师"出生在法蒂玛王朝的废都突尼斯，并在繁盛的王朝中心开罗度过了她的一生。她从出生起便聪颖非凡，作为哈里发的孙女，她在宫廷中度过了青少年时期，并掌握了必需的政治智慧。说到底，中世纪早期的政治活动去掉权力斗争还能剩下些什么？（什么都不剩，有时候是字面意义上的"什么都不剩"。）

作为一名年轻女性，西特·穆尔克把她的追求者一个个都玩弄于股掌之上。她不仅巧妙地提升了她家族的地位和权力，同时还建立起了自己的一系列政治网络。准确地说，这一系列政治网络中包括一个庞大的军事单位，还有多位奴隶身份的亲信，但他们同样获得了大量财富和权力。995年，她十岁的弟弟哈基姆继承了王位，但实际掌权的是摄政王、他的首席顾问巴尔贾万。

西特·穆尔克谨慎地利用了这段时间。她继续拒绝结婚，继续争取更多的盟友，并且不断向弟弟赠送奢侈的礼物。因此，当她的盟友之一于1000年刺杀了巴尔贾万（你猜这是为什么呢？）之后，哈基姆对他姐姐可谓言听计从。这样做的结果是什么呢？开罗人的文化生活蓬勃发展，法蒂玛王朝的国际形象也大为提升。

据编年史家记载，在之后的十七年中，哈里发的正确内政决策都出自西特·穆尔克之手。这些决策有效地帮助王朝维持了偏远省份的忠诚度。鉴于许多此类命令的执行者都是她的盟友，因此我们可以推测，西特·穆尔克的确亲自参与制定了这些决策。除此之外，还有一个迹象可以表明她的影响力有多大：许多不太将法蒂玛王朝放在眼里的地方领导者（如亚历山大城附近富庶城市提尼斯的领导者）将王室税收和贡品直接送进了西特·穆尔克的私人金库。

然而哈基姆并不喜欢给姐姐做"伴奏"（也许这就是他后来禁止音乐的原因之一）。在凶险的法蒂玛王朝宫廷中，他用以否认自己无能的主要招数有：（1）暗杀被他姐姐任以要职的支持者；（2）在财政和政治方面做出灾难性的决定（但说句公道话，在有一大群人认为你是神的情况下，不管你同不同意他们的这种看法，要你做出明智的决定都很难）。这些灾难性的决定包括在1013年指定两个不是他儿子的人成为继承人，而这两个继承人试图刺杀他亲生的孩子和孩子们的母亲。为了行使他"薛定谔的神权"，他禁止妇女踏出家门，没收曾是他最大支持者的基督教科普特派教徒的财产，并禁止演奏音乐与饮酒。你猜也猜到了，这让他人气高得不行。

1021年，哈基姆失踪了。

西特·穆尔克率先指控她弟弟的一名政敌是谋杀他的凶手。随后，她发动了一场政变，刺杀了哈基姆选定的一位继承人，并放逐了另一位，然后将自己一个未成年的侄子定为真正的继承人，并宣布她亲自摄政，王子们都可以退下了。

但西特·穆尔克是法蒂玛王朝的公主，你也许会这么说。而马克耶特的克里斯蒂娜是个圣徒。她们有办法不结婚，但她们不是我，我也永远成不了她们。好吧，想想看，从1200年前后开始，为女性圣徒立传的男作家们会在传记里加一段免责声明，让读者和听众们换一种方式解读传记——他们会说：仅供欣赏，请勿模仿。

但克里斯蒂娜的传记很可能是在12世纪中期写成的。换句话说，你不用成为公主或圣徒也可以拒绝结婚，你可以选择成为一名英雄。像她们一样大胆去做吧。

如何找到你的导师

如果没有导师为英雄们提供指引，供其超越，并通过高尚的自我牺牲让他们学会独立，那么还有谁能够成功拯救世界？想必你已经知道要找什么样的人了：老家伙，白胡子，高高的，（有时）戴着尖顶帽，穿着一身具有学者范儿的长袍，对魔法相当精通，还是恶魔之子，最后被活埋在了一堆石块下面。

……也许你想找的并不是梅林。

幸运的是，即便你不是传说中名叫亚瑟的英国国王，也没有继承一个为了帮助你亲爹接近你母亲，而把他伪装成她的丈夫，让你得以降临人间的导师的衣钵（梅林：对，都是我干的），中世纪世界依然有两大群体迫切想给你当导师，供你选择：一群是圣人，另一群是老师。你只需要在这两群人中选出你更喜欢的一群，之后坐等你的导师找上门来就行了。

来，请坐，放松一下，听听圣人们和老师们就这个问题展开的争论：为什么自己比对方更适合培养你、带领你成功地完成冒险。

❧ 一号选手：圣人

在中世纪，选圣人当导师可是再自然、再合理不过的了。

在中世纪晚期的欧洲，基督教圣人们提供的可是一站式导师服务。他们乐于助人，人数多到连教会自己都数不清，而且你大可放心，他们绝对表里如一，就算在暗地里也不会是邪恶势力。对英雄而言，最重要的是他们能做到不可能的事。圣人本质上就是一支超自然的麦克风，通过呼唤圣人，人们可以更接近本就无处不在的上帝。哪怕上帝从来只做自己想做的事，圣人也能确保上帝会回应基督徒们的祈祷。

换句话说，圣人可以告诉你如何服从上帝的命令、在战争中幸存乃至获胜、治愈伤病、减轻痛苦、帮助你死去的亲戚上天堂，并确保你自己也能上天堂（不是立刻就上）。当然，他们还可以告诉你如何让死亡与毁灭降临到你敌人的头上。你需要做的就是挑选一两个圣人，像他们一样虔诚地生活。

对一个英雄而言，这听起来够简单、够刺激了吧？让我们讲讲亚历山大的凯瑟琳的故事（她并不是历史上真实存在过的人物，但这不要紧，就像安条克的玛格丽特和尼科米底亚的芭芭拉一样，她的传说故事让她在重要的方面变得真实，这在说明我们这个问题上已经够用了）。凯瑟琳是生活在3世纪的异教徒（注意！）公主，聪颖过人，貌美如花，极富魅力。她求知若渴，掌握了一切她接触得到的知识，她的父亲被她的求知欲打动了，为她建造了一整座图书馆。父亲去世后，十四岁的她继承了整个王国。所有人都坚持要她结婚，好有个合适的男人来统治这个国家。但凯瑟琳女王只是笑着表示，谢谢关心，她自己就能胜任这项工作。她的确做到了。

早在皈依基督教之前，凯瑟琳便已经是一位学者、教师与明君，所以你大可放宽心，人家确实是有真才实学的。她肯定非常乐意成为你的导师，这一点你也可以放心，毕竟在她统治期间，她不仅向臣民传授了基督教的基本知识，还以身作则带领他们皈依。更令人震撼的是，面对依然信仰异教的罗马皇帝，凯瑟琳冲到他面前，命令他停止处决基督徒。他哼了一声，骂了她一句，意思大概是"小丫头片子，闭嘴吧"。凯瑟琳女王回敬了他一句更粗鲁的话，并用自己的知识和智慧向他证明，他真的是个很烂的统治者。

而她故事的最后一部分最为震撼。五十位异教学者向她发起挑战，要与她就宗教问题展开辩论——而且是五十位学者同时跟她辩论。年仅十八岁的凯瑟琳靠着自己出众的口才与有关古希腊哲学的渊博学识（真的）把他们辩得落花流水，让他们羞愧难当地哭着回家了。

（你问她人生中还有什么高光时刻？因为基督徒的身份，凯瑟琳被逮捕并遭受了严刑拷打，但给她准备的刑具爆炸了，杀死了四千人。当然，在此事之后，皇帝不得不直接下令杀死凯瑟琳，但他如果不处决她，她就成不了童贞殉道者，也成不了圣人，更别说给你当导师了。）

凯瑟琳的一生算得上十分精彩，她本人也是位伟大的女主角，更是让中世纪的基督徒们爱得不得了。15世纪的纽伦堡作家卡塔琳娜·图赫尔给她的女儿取名为卡特莱（Katrei），还选择了圣凯瑟琳修道院作为自己退休后的休养地，并非常热切地阅读另一个凯瑟琳（真实存在过的锡耶纳的凯瑟琳）的传记。真见鬼，声名狼藉的亨利八世娶的老婆里有一半都叫凯瑟琳啊！

但问题在于，除了祭司、修女和图赫尔本人之外，大多数基督徒是文盲，无法独立阅读凯瑟琳的故事，只能从教会那里了解到该如何效仿她——本质上就三点：不要有性行为、乐于受苦，以及不要有性行为。

我敢打赌，单从这个结论来看，你绝对猜不到这个故事的主人公其实是个热爱阅读与争论、敢对着国王大骂"去你的吧"的少女。

所以说到底，要不还是别选圣人做导师了。毕竟你想想，虽然亨利八世的六个老婆里有一半都叫凯瑟琳，但他被砍头的老婆里也有一半叫凯瑟琳啊。

🌸 二号选手：老师

显然，选你最爱的老师做导师才是最自然、最合乎逻辑的。大胆上吧，别怕显得自己没有个性，毕竟你身边的学生们都在这么干。（当然，你身边的学生都是十几岁、信仰基督教的男孩子，还都有点儿小钱，懂点儿拉丁语，但谁在乎呢？）

在第一批大学于1200年前后创立之前，接受高等教育的学生为了追随某个特定的老师学习，往往要在许多国家间跋涉，老师在哪里停留，他们就追随到哪里（大学之所以会诞生，就是因为有足够多的学生和老师聚集在了同一个地方。他们联合起来，要求享有特殊的法律权利，比如犯罪后免于被城市指控的权利）。因此，如果你选择老师做你的导师，那么你立刻就可以确定，你的准导师必然乐意教你，他会非常擅长你想学的内容，而且教学经验丰富，声名甚至已经远播到了你的村子。

在中世纪鼎盛时期的欧洲，选择老师做英雄导师的真正弊端只有一个：你要面对学生间为争夺未来导师注意力而挑起的明争暗斗。但即便如此，你依然可以看到一些鼓舞人心的故事。在这些故事中，同一位老师的学生们团结起来，为世界带来了切实的改变。

比如这个例子：约翰·司各特·爱留根纳（约815—约877年）初次名扬学界是凭借他爱尔兰顶尖学者的身份，随后他被指名邀请去德国西部的亚琛做校长。那所学校是9世纪的欧洲最好的学校。学生们蜂拥而至，争先恐后地向他学习。为什么不呢？（不要在意那些谣言。）爱留根纳是位杰出的神学家、哲学家和翻译家，也是完美的导师人选。（假如你的朋友从他的兄弟那里听说，而他的兄弟又从表亲那里听说爱留根纳作为老师有些缺陷，你该怎么办？）在爱留根纳的管理下，亚琛的这所学校不知不觉间壮大了起来（再过一千年，大家就会知道这不过是谣言）。它本就显赫的名声越发响亮了。（谣言绝对不是让你在选导师时排除某位老师的依据！绝对不是！）

果不其然，爱留根纳的领导力和学术水平以一种在中世纪欧洲见所未见的方式将学生们团结了起来：在9世纪70年代末的某一天，他的学生们在一场讲座上联起手来，刺死了爱留根纳，凶器是他们的笔。

但这不过是谣言，对吧？

❧ 评委投票

所以，你选择的导师是？

祝你好运。

如何训练一名巫师

"多亏了这些书中的秘术,我学会了两种招魂术,"莫里尼的约翰(约1280—晚于1323年)这样写道,"还有探地术、火卜术、水卜术、气卜术、手相术、附魔术,以及它们几乎所有的分支法术。"太棒了,中世纪真的有各种各样的魔法,而且真的有人在使用它们。更棒的是,他们都是从书上学会的。

先把你几乎完全不识字这个小问题放到一边——毕竟农民生活并不需要经常读书写字。约翰的系列著作可以为你导航,约翰本人则可以成为你的向导,而且约翰还是虔诚的基督教修道士,这可是一大加分项(别担心,对英雄们而言,和宗教审判所不可避免的狭路相逢都发生在冒险征途的后期)。

最重要的是,约翰真心想成为你的向导。他不仅写了咒语书(他的确写了,而且写作热情极为高涨),还写了一部半自传性质的作品,详细描述了他学习、使用与教授魔法的过程。他简直要求着你让他当向导了。

但你能不能相信他就是另一回事了。

关于他可靠与否,有三点需要你好好考虑一下。首先,约翰并没有按时间顺序记录各个事件,从而巧妙地掩饰掉了他人生故事的时间线中的不合逻辑之处(除非他是真的很恨他妹妹)。其次,这本半自传很像一部广告,主要是为了告诉人们为什么应该使用他的咒语书,而不是其他流行的同类书,但这广告硬得都快直接撑到读者脸上了。最后,我们很快就会发现,约翰自学魔法竟然是为了应付作业。

约翰本人声称,他给他在修道院的上级留下了极为深刻的印象,于是他们选中他前往奥尔良的大学学习法律,以便他胜任莫里尼修道院的对外代表工作(但从后续发展来看,让他在修道院之外担任修道院代表,也许正说明了其他修道士送他去上学另有原因)。

然而,约翰很快就遇上了几个本不应该存在的问题。第一,他对一本咒语书产生了兴趣,并开始看到邪恶的幻象(这显然不算什么问题),但他却继续研究了下去,并说服自己,这样做是遵从上帝的意愿(这绝对是个问题)。第二,他**不擅长魔法**,于是他转而向一名意大利犹太人求助(从历史准确性的角度看,这很有问题,因为"犹太巫师"将基督徒引向毁灭之路,这在文学领域是一个令人生厌却随处可见的隐喻)。第三,为了解决在一本魔法书中遇到的问题,他又参考了**第二本书**。这第二本书也许是中世纪最著名的通灵术手册,名叫 *Ars notoria*,书名直译过来大概就是 *The Notary Art*,即《速记术》,但写成拉丁语感觉就酷多了。第四,约翰不想上课,所以他做了任何懒学生都会做的事——决定靠自学成为巫师。这次他是动真格的。

雅各布,那个来自伦巴第的狡猾犹太人已经给他指明了方向:如果《速记术》能让他在一夜间学会世上任何知识,那谁还需要课本和课堂呢?

于是约翰把他法律专业的学业放到了一边,开始学习有助于他学习法律的仪式祷词。每天晚上睡觉前,这位急于成为巫师的修道士都会背诵《速记术》中规定的一篇祷词作为练习。后来,约翰做了一个美妙的梦,从美梦中醒来后,他果然获得了祷词中承诺的各种知识:通灵术、探地术、火卜术、水卜术、气卜术、手相术以及附魔术。都是律师应该具备的基本知识呢。

然而，在练习的这段时间里，约翰有七个晚上都见到了不请自来的幻象。在第一个幻象中，一只手的影子遮住了月亮，并沿着地面向约翰伸来，梦中的他大喊"救命"，这只手随即消失了。在第二个、第三个、第四个以及后续的幻象中，某种邪恶的生物在约翰身后穷追不舍，扑在他身上不放，直至把他勒住，让他窒息而死。

此处应有约翰送给各位准巫师的一条重要建议：如果你祈求获得与魔法有关的知识，但前来传递知识的是魔鬼，那一定是因为上帝非常喜欢你的巫术，才让魔鬼都要从中作梗。绝对是这样。

如果你在幻象里被天使暴揍了一顿，耶稣也向你投来不赞成的目光，那你就能明白，真的得收手了。

就这样，约翰写到他关于《速记术》的冒险尝试结束了。他坚信这本书是邪恶的，书中的祷词只会给他带来永生永世的折磨。从那之后，他乖乖地用回了老一套的学习方法：死记硬背加临阵磨枪（但他依然保留了靠魔法学会的知识，比如通灵术、探地术、火卜术、水卜术、气卜术、手相术、附魔术，可能还有法律，不过最后这部分约翰自己也没怎么说清楚）。

但是……他结束的只是他自己关于《速记术》的冒险。我刚刚有没有提过他还打算把他亲妹妹也培养成巫师的事？

你看，约翰毕竟还是一个好为人师的人。他写作这部半自传就是为了推销自己其他的作品，大部分都是入门级的魔法教科书。他甚至在半自传作品中提到，他曾经试图自己撰写一本通灵术指导手册，但上帝说服了他，告诉他这是不好的，于是他放弃了。

因此，当他十几岁的妹妹布丽吉特缠着他非要学识字时（这种感觉你可太懂了），约翰慈爱地妥协了。既然《速记术》让他迅速学会了如何控制土、风、火、水，学会了召唤恶魔、看懂手相，那还有什么书能比它更适合拿来教妹妹识字呢？不，他没有用书里的咒语教她识字，他直接拿这本书做了她的教材。"A"代表"秘术"（Ars），"D"代表"邪恶"（Diabolus），多么经典的儿童识字读物啊。

和她哥哥一样，布丽吉特也非常好学，只认识字母表对她来说可远远不够。和她哥哥不一样，布丽吉特利用《速记术》学会了阅读、写作、说拉丁语、演唱教会歌曲以及克服怯场。但她如此纯洁的目的也没能让她逃过一劫——她也开始在梦中见到可怕的恶魔幻象。

据约翰说，他一下子就意识到，正是那些让《速记术》起作用的魔鬼在折磨妹妹。他既担心妹妹，又因为自己把妹妹带进了魔鬼的陷阱而生自己的气。约翰让布丽吉特赶快发誓，以后不许再用魔法书学习。她答应了。但从那之后，她不仅能读书写字、说拉丁语、当众演唱教会歌曲，还学会了将找上门来的恶魔胖揍一通。

不对，这说不通吧：约翰自己先学了《速记术》这本书，意识到它非常邪恶，但还是推荐给了自己心爱的亲妹妹？另一个版本的时间线也很离谱：约翰先是自己学了《速记术》，然后推荐给了布丽吉特，之后意识到这本书很邪恶，但他还是接着学了，越学越觉得这本书很邪恶。这合理吗？

但不管故事究竟该是什么样的，重点是要帮约翰卖书，对吧？

至于他要卖的书嘛……确实是入门级教科书。入门级魔法教科书。

他的自传就先简单说到这里。约翰的书教的是……各色祷词和仪式，这些祷词和仪式承诺为读者带来各种形式的知识。当然，鉴于已经有书取名叫《速记术》了，约翰只能将他的作品命名为《花之书》。

尽管这个名字起得颇为影响销量，但他半自传中的介绍成功地弥补了这一缺点。这一整个故事都在告诉读者，《速记术》会腐蚀他们，他们绝对不能学习这本书。他放弃写通灵手册的小故事也忽然合理了起来：约翰之所以放弃写那本书，是因为上帝很不赞成他写那本书。鉴于约翰并没有放弃《花之书》，那显然上帝很赞成他写这本书。约翰装出一副谦卑的姿态，又是承认自己犯下了研究通灵术之罪，又是哀叹自己险些害了亲妹妹，不过只是想让读者都明白应该用他的书来学习魔法罢了。

中世纪的教会自然看穿了约翰的伎俩。1323年，法国神职人员举办了一场大型活动，烧毁了许多本《花之书》。这显然是对约翰直截了当的死亡威胁。无论出于什么原因，自那次事件之后，约翰就退隐到了幕后，没有任何资料记载他后半生的下落。

但他那本书就不一样了。在之后的几百年里，《花之书》被不停誊写复制，抄写员们在书中的祷词里填进了他们自己的名字，或是购买抄本的顾客姓名。这些顾客不光买下并阅读了《花之书》，他们还使用它。他们自学书中的祷词、咒语和仪式。换言之，他们自学了书中的魔法。

莫里尼的约翰也许自学了巫术，也许没有；他也许把巫术教给了他妹妹，也许没有。但鉴于他那部被教会谴责为异端的作品被人传抄了那么多遍，看来约翰的确在将一代代读者培养成巫师。就是像你这样的读者。

如何选择
对抗邪恶时的衣着

即便是西西里国王也知道这一点：打败敌人靠的不是华丽的衣装，而是必要的武器。这可是法律规定的。[1] 这可有点儿让人扫兴。

首先，这话说得不对。打败敌人也可以靠巫术和贿赂，或是靠天降神兵、溜之大吉。其次，中世纪的欧洲人非**常喜欢**华而不实的衣装。正因如此，脾气暴躁的修道士约翰·卡西安（360—435年）列出了"八大恶念"，其中包括虚荣和奢侈，即沉迷于过度享受。但在中世纪教会的"杰出"领导下，八大恶念变成了七宗罪，虚荣因为邪恶程度不够而被开除"罪籍"，而奢侈也被缩小范围，变成了肉欲。

当然，教会针对华服与过度消费的罪恶之处依然进行了很多道德说教，毕竟没有道德说教的中世纪教会是没有灵魂的。在15世纪的虚荣之火集会上，祭司们要求信众将化妆品和花哨的服饰投入火中烧毁，而有些人真的照做了。这些衣服不光不适合被人穿着与邪恶作斗争，甚至本身就是邪恶的化身。

至于他们对这种被上帝认可的勤俭节约行为能积极践行多久，那就完全是另一回事了。

1　Sarah Grace-Heller, "Angevin-Sicilian Sumptuary Laws of the 1290s: Fashion in the Thirteenth-Century Mediterranean," *Medieval Clothing and Textiles* 11 (2015): 88.

尽管1290年的西西里法令本身非常无聊，但它似乎表明，无论你是准备投身于真正的战斗，还是投身于道德层面无形的战斗，中世纪都能给你提供相当不错的着装指南，尽管具体该穿什么还要受时间、地点、性别、宗教、年龄、阶级和职业影响。但长话短说，我们直入主题。

🏵 1. 是的，中世纪提供的是有效穿衣指南

关于着装，你从西西里来的朋友要提的建议可不仅有"不要做作地炫耀"这一条，而且和他们持相同观点的大有人在：1290年颁布的西西里法令不过是13世纪在西欧遍地开花的无数所谓"禁奢法令"（Sumptuary laws）中的一项。禁奢法令限制的其实是人们对任意一种商品的消费（Consumption，共同的词源不算是很烂的双关语吧），但它们主要的抨击对象还是服装。禁奢法令最臭名昭著的一点便是规定了人们可以穿什么，不可以穿什么。

但这并不意味着当时半个欧洲的人都在光着大腿乱跑。这些法令更关心的是谁可以穿皮草，谁可以穿什么样的皮草，谁可以穿多少皮草，谁可以在衣服和配饰的特定位置上装饰皮草，并规定佛罗伦萨十几岁的男孩不可以穿粉红色紧身裤，而纽伦堡的成年男子不可以穿短外套（最后这条其实是该市在委婉地禁止男子对裤子上的某一块区域进行**改造**，好让身体部位更突出）。

禁奢法令的目的是通过将各种时尚限制在某一特定群体——特定阶层——之内来强化社会秩序。比方说，社会地位越高，就能穿越多皮草（怎么了？这叫"单押"）。

在你为冒险做准备时，禁奢法令几乎是在求着你去乔装打扮做卧底。你需要了解的也许不是如何从衣着上区分"国王和其他人"或"周

如何屠龙：中世纪英雄冒险指南

日的国王和平日的国王"，但你可以学习一下资产阶级及更高阶级的人可以穿什么，资产阶级及更高阶级中从事某些特定职业的人可以穿什么，或者贵族阶级及更高阶级的人可以享用什么样的时尚。鉴于大多数情况下这些法令的具体执行人员并非实际的政府官员，而是人们身边的亲朋好友，所以会认定你衣着僭越的人并不多。

西西里的这项法令对"华丽的衣装"的抱怨进一步证明了中世纪的确可以在穿衣方面给你提供中肯的建议。这项法令颁布之时，西西里与阿拉贡两个王国正处于长期的暴力冲突之中，因此法令对男子着装的规定自然围绕着在战场上的实用性展开，即便这只是为了让男子保持一种备战的心态。举个例子，没有毛皮衬里或是新潮彩色织物衬里的斗篷也许穿起来更冷，看起来更朴素，但在战斗中，它会让你更容易移动。

而这项法令同样规定，女性不可穿着有长拖尾的裙子。在立法者看来，这跟战争毫无关系，那些浪费在拖尾上的布料本可以捐给穷人。

说了这么多，该谈谈盔甲了。

对你这个乡下孩子来说，有一个好消息：锁子甲长得都差不多。在金属环和连接部件方面，可供你选择（也就是购买）的空间并不大，"最好的"也就那样。你也许可以学习一下君士坦丁大帝，他的母亲把耶稣十字架上的碎片和钉子放进了他的头盔里，使这顶头盔成了他皇帝身份的象征之一。但英雄不该总是指望字面意义上的"天降神兵"来保护自己，所以当你穿越贫瘠的荒原或其他天气比英国更好的地方（也就是全世界任何地方）时，记得带一件布制的外衣穿在锁子甲外面，阳光直接照在金属上可是会晒得人脱水的。

还有一个更好的消息等着你：如果你想把装备升级成板甲，15至16世纪的各大城市都在热火朝天地竞争，试图制造出最好的盔甲来为自己带来荣誉（当然是为了增强公民自豪感，谁需要钱啊？……好吧，其实每个人都需要）。

有一些城市眼见追不上行业领头羊，索性不掺和这档子事，毕竟总得有人生产便宜的盔甲——说的就是你，伦敦。而纽伦堡和奥格斯堡则对自家的盔甲和盔甲工匠做出了相当有力的保护，纽伦堡甚至不想把城里铁匠用来打造盔甲的金属原料卖给外地人。因此，如果你想选一把称心如意的宝剑，根据这些德国人喜欢把一切好东西都留在自家的传统策略按图索骥大概就够了。

你可以放下一些顾虑，这些盔甲大师往往术业有专攻，一个人只制作盔甲的某一部分。例如奥格斯堡的赫尔姆施密特家族，他们的姓氏意为"头盔匠"，而他们专攻的就是打造头盔。你只需要在城市内外打听上一圈，就能知道城中最好的盔甲大师（如赫尔姆施密特家族）的名字，并能认出他们刻在盔甲上，好以此来分辨其制造者的专属标志，虽然也不是每一件上都有就是了。

为了确保盔甲起到保护作用，纽伦堡和奥格斯堡都要求对每一副成品盔甲进行检查，保证每一块金属中都含有足够的钢。遗憾的是，他们并没有留下有关检测方法的书面记录，他们只是说如果盔甲不合格，就应该被砸掉。希望他们砸的时候可别把盔甲里的人一起砸了。

虽然"砸成废铁"的确能够让人一眼认出不合格的盔甲，但质检员更乐意给优质产品加上一个独特的标志以示区分。纽伦堡人用的标志就是他们城市的象征：一只傲然挺立的鹰。1461年，奥格斯堡的行会也建议城里的盔甲匠在作品上加盖他们城市的象征：一枚松果。这是真的。中世纪基督教认为松果是复活的象征，这在战斗中可比盔甲还好使呢。

如何屠龙：中世纪英雄冒险指南

2. 不，中世纪提供的是无效穿衣指南

禁奢法令可以告诉你要对抗邪恶该**穿**什么，而盔甲法令则能告诉你穿什么才能**对抗邪恶**……

但关于用法律做史料来源这件事，我得多说两句。

法律有助于我们了解一个社会有着什么样的理想典范，或者至少是接近理想状态的妥协产物，但如果想要搞清楚当时的人们究竟在做什么，法律也不太能帮得上忙。一项法令之所以禁止一种行为，可能是因为立法者在无谓地担心有人会做这件事，也可能是因为人人都在做这件事，或是介乎二者之间的任何一种情况。你还要知道一件事情，这件事跟你的目的关系更密切：法律的存在并不意味着人们会遵守它。

比方说，你大概也猜得到，人们在遵守禁奢法令和盔甲法令时有多"严格"。

一些意大利城市甚至找不到愿意监督禁奢法令执行的人，负责监督执法的官员职位常年虚位以待，后续的法令为了提高人们的参与度，甚至提高了居民们检举违规邻居的奖金。除此之外，还有不少人阳奉阴违，偷偷摸摸地把普通皮草染成了名贵皮草的样子。

至少他们这套把戏为你在节省伪装预算方面提供了思路。

你也许会希望盔甲法令的执行情况会好一些，但这方面的现实情况依然没那么好。尽管纽伦堡经常对人们模仿该城质检标志、以次充好的行为重拳出击（可千万别学弗里茨·保尔斯密特，他在1502年坐了四个星期的牢，就因为有人认为他的工匠标志和纽伦堡的鹰徽长得太像了），但现存的盔甲成分分析结果告诉我们，盔甲上是否盖有纽伦堡的金属成分认证标志和盔甲本身的质量优劣并没有很大的关系。

❈

说到底，中世纪的资料确实可以为你提供一些指导，让你无论何时何地对抗邪恶都知道该选择什么行头。但禁奢法令和盔甲法令提供的都只是指导方针，而非金科玉律。能有供你参考的法律依据当然是好事，但你也不必执着于遵守这些法令。你可是要对抗邪恶的人，没空让粉红色紧身裤和貂皮内衬，呃，反噬（consume）你。

好吧，虽然是同源词，但这个笑话确实是太烂了。

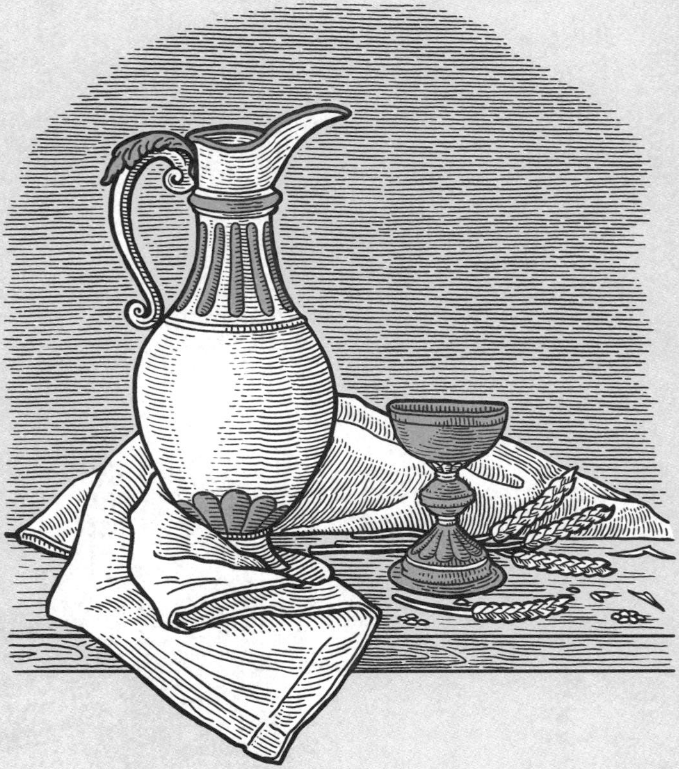

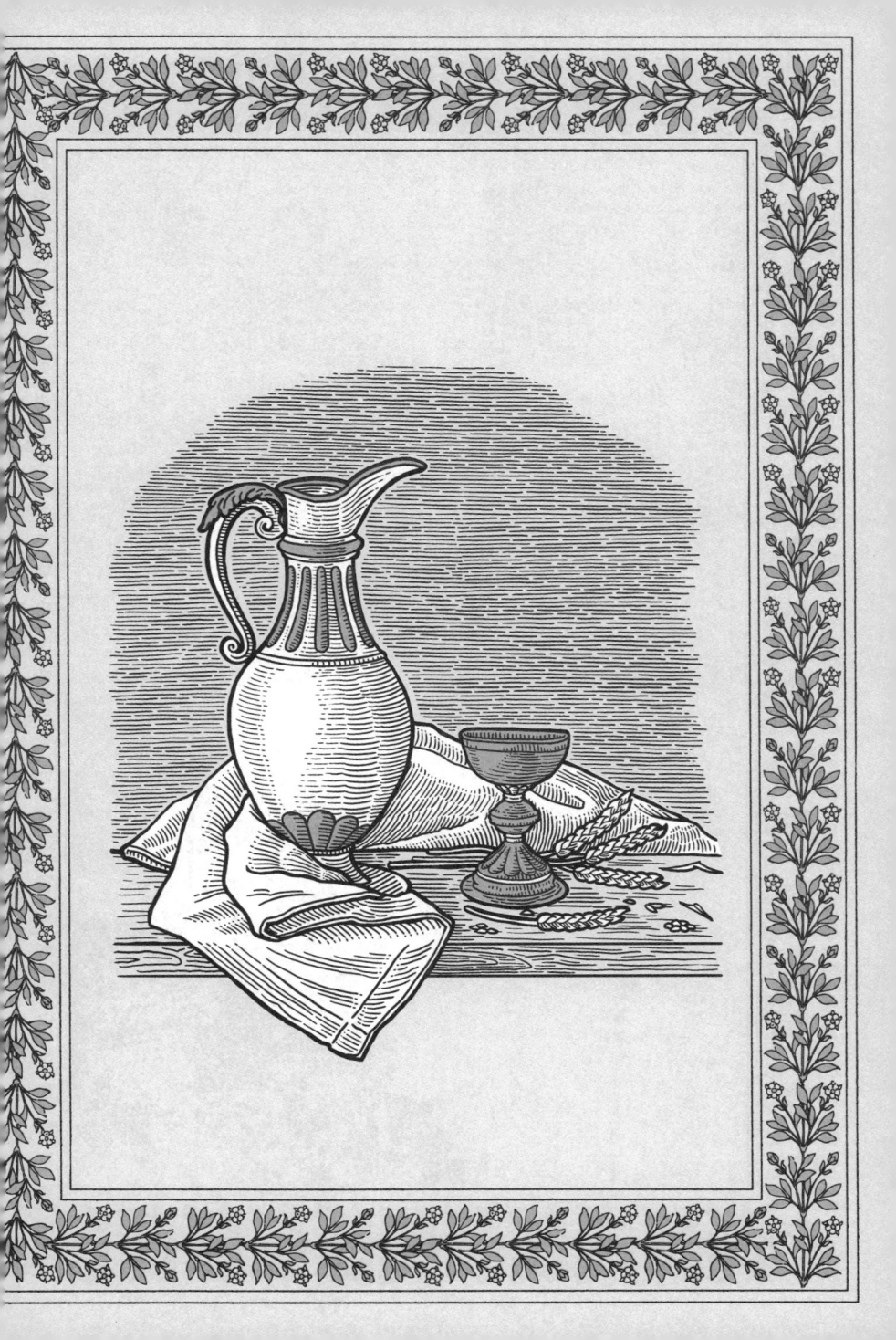

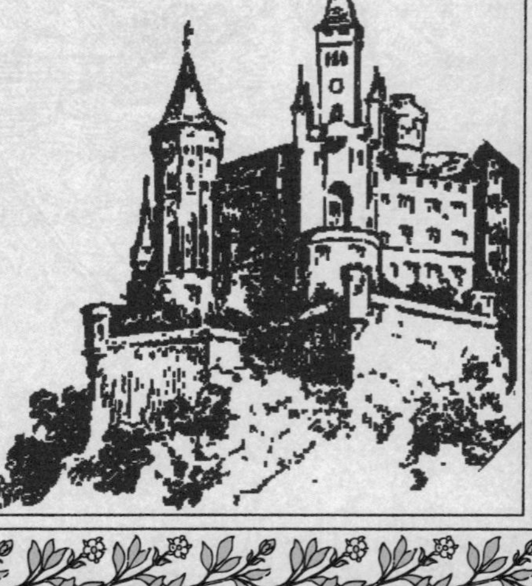

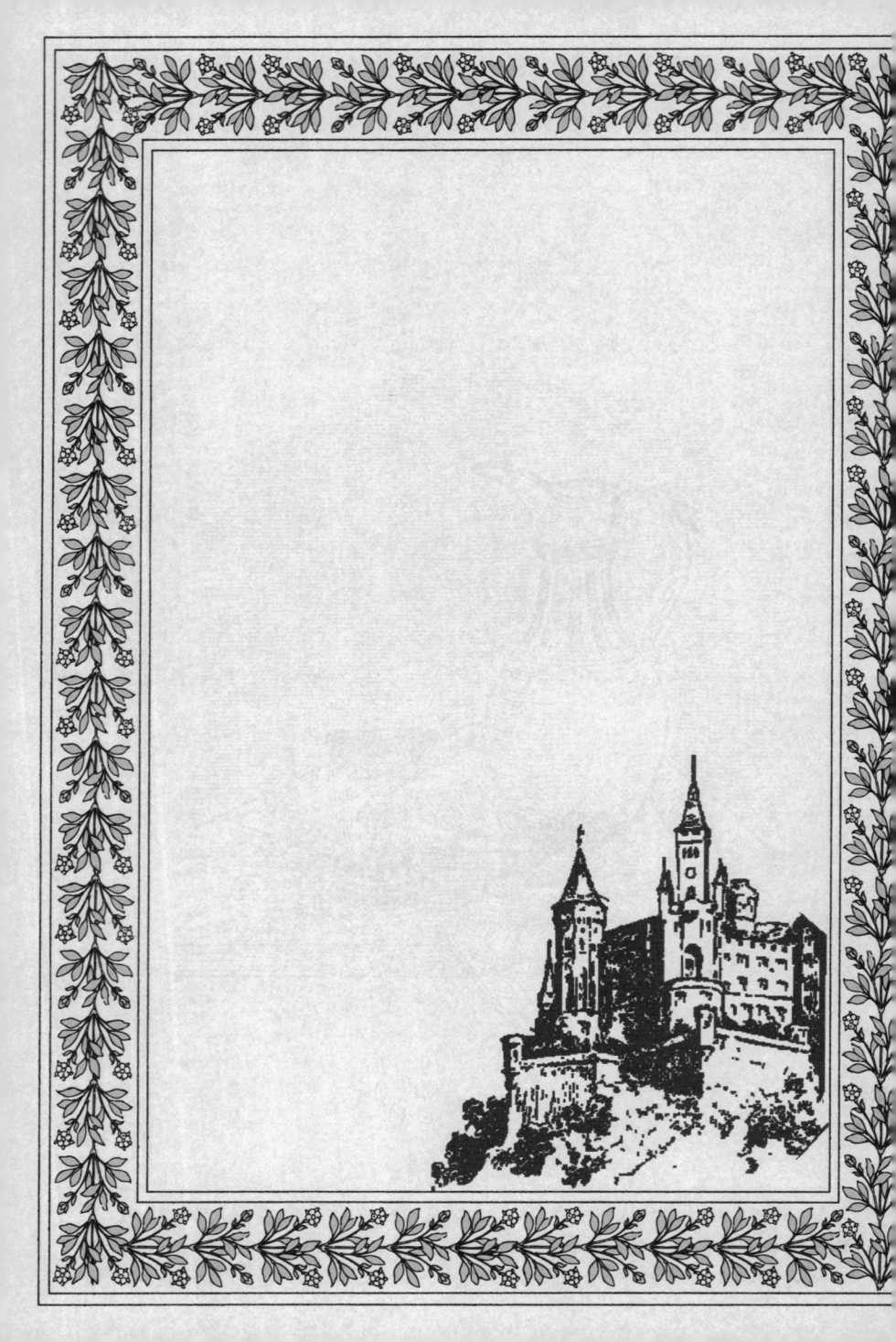

旅店奇遇

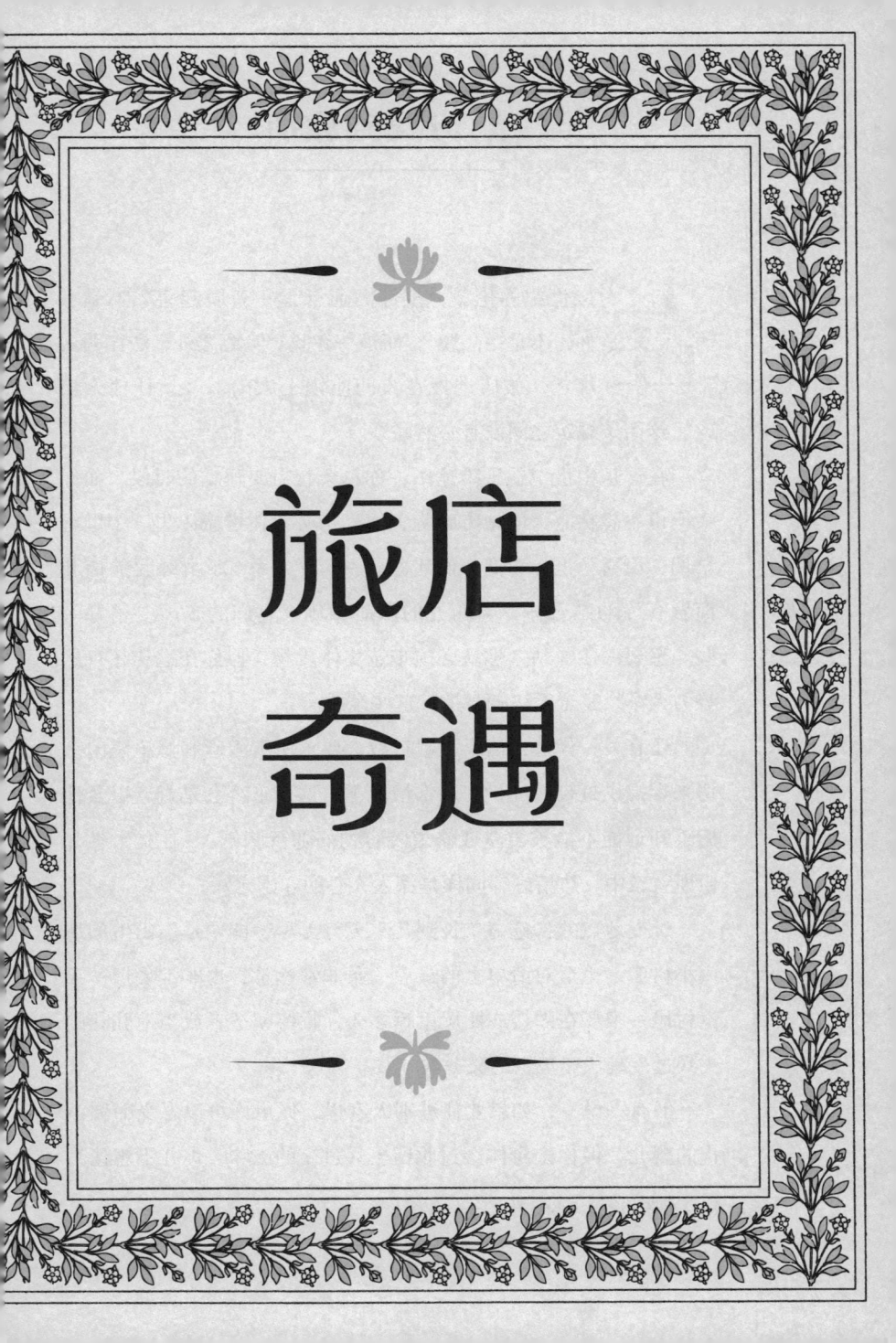

如何找到旅店

在 14世纪的伦敦,麦芽酒通常是一夸脱起售。不是一杯,不是一品脱[1],而是一夸脱。除此之外,法律明文规定,旅店老板在夜间应锁上大门,严禁任何人出入。这两条规定之间没有必然联系。

在这趟中世纪的冒险途中,你总会有需要睡觉的时候,而你大概也不想在露天的地方睡觉,但你未必要住进旅店里。中世纪早期,伊斯兰世界为商人们建立了一套驿站系统。驿站是旅店和商贸仓库的结合体,与西方的旅店相比,它们的名声要稍好一些。想要入住驿站,你就必须带着实体货物,但你在逃离超自然势力大军,完全无法随身携带这些东西。

还有另一优选:信个教吧!教会要求所有教堂和修道院向一切来客提供过夜的庇护(通常情况下,这些来客会是贵族以及他们不知道能不能被教堂或修道院容纳的随行队伍)。在犹太教和伊斯兰教中,热情好客同样是深入人心的守则之一。

过夜地点的备选清单长到几乎无穷无尽,即便是你出生的那座小村庄,也会对清单上的最后一条非常熟悉,也非常畏惧:无论村民一家要在阁楼或棚屋里睡多久,收留朝圣者或当地驻扎的士兵过夜是法律规定的义务。

但有一说一,如果要住进别人家里,你也许可以忍受啼哭不止的婴儿,但你亲身体会过收留士兵过夜的滋味,你并不想让另

---

[1] 1品脱约等于0.568升。——编者注

一家人因为有陌生人留宿而感到紧张。那去教堂、清真寺或者犹太教堂里将就一晚？也都去过了，没意思。这里是中世纪晚期的西欧，你就是想来上一夸脱醇香的麦芽酒，再在酒馆里打上一架。你直奔旅店而去。

你要如何找到旅店

由于旅客群体庞大，开旅店往往是赚钱的好机会，不管是靠收取房费，还是靠一些不那么合法的手段。通常来说，旅店都位于交通繁忙的地段，比如小镇上、朝圣地附近或是主要道路沿线。更好的是，你在郊区（没错，郊区）或者城镇外沿也能找到旅店，而这些地方你不交入城费也可以进入。

如果你成功抵达了一座城镇（你会的，英雄们都会的），你可能会面临一些小小的挑战。1309年，伦敦一共有354家缴税的小旅店，其中也许有些旅店不接待过夜旅客，但城里存在着大量因为不够正式而无须缴税的临时旅店，抵消了前者的影响。换句话说，你大概不会找到"旅店街区"或者"旅店一条街"之类的东西。

穿行在纵横交错的街道上，你扫视着两旁的建筑，寻找着建筑物招牌上代表着旅店的圆形标志。无论你在哪座城市，旅店老板通常都会在柱子上挂出花环作为标志，但也存在着很多具有地方特色的变化，需要旅行者好好打听一番（如巴黎的很多旅店招牌上绘有圣徒的画像，但也不能责怪人们有这种一厢情愿的美好期待嘛）。

伦敦有354家旅店，这也意味着有354家旅店在互相抢生意。旅店老板们为了让自己的店脱颖而出，通常会选择同一种非常新颖的策略——给旅店起名字。这一策略固然新颖，但他们想出的名字并没有什么创意：威廉·波尔兰记录了50家15世纪的旅店店名，其中有6家都叫"天鹅"。但这也不能怪各位旅店老板，毕竟那个时代的识字率最高不过三四成,这表明有六七成的顾客看不懂店名,也有六七成的店主不会写店名,所以用文字店名区分旅店并没有意义。店铺往往会选择适合做成店标的抢眼符号作为店名,于是旅店经常用纹章图案取名,因为人人都能一眼看懂。同样一个图案,既可以让骑士与贵族家族用以彰显自身血统的高贵,也可以被挂在旅店门口,让人走进门去,看其他客人喝得酩酊大醉,做出各种傻事。

并不是每家旅店都选了纹章图案作为自己的店名与店标。当然,圣徒画像很受欢迎,这意味着你可以对着各种各样的凯瑟琳碟轮开怀畅饮。没错,就是那种为折磨亚历山大的凯瑟琳而专门设计的可怕刑具。

换句话说,走进旅店大门后也要多留神。

❧ 旅店里面什么样

除去伊比利亚半岛上信奉伊斯兰教的地区,你在西欧能找到的旅店显然不会像开罗那些拥有三百个床位的驿站一样舒适。但到14世纪末,每座体面的城市至少都会有一家体面的旅店。这样的旅店会有二十间小客房,或者数量更少但面积更大的多人客房。

当然了,你是住不起这种旅店的。

你很难一眼看出一家旅店的名声是否差到你刚好消费得起。至少在城镇里,旅店的建筑风格会完美地与其他建筑融合在一起,甚至可能跟两侧普通的建筑或商住一体的房子别无二致。鉴于旅店内部往往采用住宅的布局,整座旅店甚至作为店主的家族产业运营,那么在外观上这样低调又何尝不可呢?

无论你是直接从大街上走进旅店,还是要先爬上二楼再进入旅店(因为一楼是客人们的马厩),你首先进入的必然是公共大厅。这个厅里有一张或多张桌子、几条长凳,还有迫不及待刷新你对无耻程度的认知的旅店客人。厨房和厕所一般与公共大厅相连，但希望它俩彼此之间最好还是不要直接相连。

和住在商铺楼上的公寓里一样，在和旅店老板达成交易之后，你就可以获得楼上卧房里的一张床（或是床的一部分）。理想情况下，你可以爬楼梯抵达你（热闹且拥挤）的房间。另一种上楼方式是爬梯子，考虑到楼下的公共大厅本质上就是个酒馆，这种布局设计实在是非常别致。

旅店里有谁

实在抱歉打碎了你独闯天涯的美梦，但没有一支人手齐全的旅行小队，你是不可能完成冒险的，而旅店的公共大厅就是招兵买马的最佳场所，毕竟每个旅店老板都想让顾客在自己眼皮底下尽可能多待一会儿，也就是让他们把钱尽可能都花在吃喝上。主要招徕本地顾客的旅店时不时也会有同一行业或其他行业的男性（以及偶尔出现的女性）光顾，但在开在路边的旅店里，除了押在赌桌与棋局上的赌注，一切皆有可能。

在路上，你会见到朝圣者、信使、小商贩、仆人、士兵、新移民，也就是旅店老板愿意收钱接待的任何人。旅店里的男人依然比女人更多，从希腊神话故事与意大利滑稽剧的内容来看，对住在旅店里的女性而言，遭到强奸是非常现实的威胁，名声败坏更是几乎不可避免。在旅店里见到肤色各异的旅客也不是什么稀奇事。你离地中海越近，这点就越是不足为奇。

酒馆和旅店里当然也有员工——大概率就是店主一家人再加几个仆人。除此之外，还有"编外员工"试图在这儿赚点儿小钱，比如在角落里坐着的那个吟游诗人。

我之前提过会有吟游诗人这回事吗？

如何应付吟游诗人

"应付"?干吗这么悲观啊?

这可是中世纪!这是浪漫的时代!诗歌的时代!歌曲的时代!独一无二的音乐时代!你不信?那你自己看看吧:在9世纪巴格达附近的萨马拉,流行天后们相互竞争,连带着各自的粉丝也仇视对方;在15世纪的英格兰,约克城的官方乐队前往其他城市举办巡回音乐会;早在12世纪,法国就已经有人对在后台发生性行为和做出其他各种放荡行为提出指控;而在5世纪初的巴勒斯坦,有这样一位学者,他大半生都生活在一座山洞里,扬言流行音乐是崇拜恶魔的手段。

真是独一无二的时代呢。

有机会靠音乐来探索整个世界显然是你此次冒险中最激动人心(也是最不容易出人命)的事情之一。根据浪漫主义诗人让·雷纳尔的记载,13世纪初的歌手要么独自表演,要么在一种名叫"维耶勒琴"的提琴伴奏下演唱。你也许还能在表演中听到长号、长笛、风笛等管弦乐器的声音或是震耳欲聋的鼓声。如果你够幸运,你还可以赶上"买一赠一":在非常流行的"笛鼓乐"演出中,同一位表演者会同时演奏笛子和鼓两种乐器。

上述各种音乐不只在城市里或宫廷中才听得到。和约克城的音乐家一样,许多欧洲顶尖的演奏家和歌唱家经常四处巡游。例如1372年,阿拉贡王子胡安一世自掏腰包,送四位宫廷乐师前往佛兰德斯了解最热门的音乐流行趋势。在返程途中,胡安一世让他们在巴黎停留几天，为法国国王表演。这里有个重要的细节：胡安一世显然对乐师们的水平很有信心，认为他们的表演肯定好到可以被法王视作一份礼物，而不会烂到让法王想要向阿拉贡王国宣战。

但并不是所有人都能承受得起这样的信任。中世纪的欧洲有伟大的音乐家，也有做梦都想变得伟大的音乐家。旅店和旅途是后一种人尤其喜欢待的地方。

中世纪的音乐文化还有一大独特之处：当时有大量音乐家相当平庸，而且除了音乐之外别无所长。所以当约克等地的吟游诗人行会要求城市禁止非会员在城中表演，可行会并没有恪守保证演出质量的主要职责时……

明白了，你悲观的原因原来是这个啊。

那确实，所以如果有过分热情又讨厌的吟游诗人非要加入你的冒险小队，那你的确需要运用一些战术来应对了。

一号战术：成为聋子

总的来说，中世纪的世界对残疾人并不友好——有关中世纪残疾人的记述内容大部分都关于他们是如何被奇迹地"治愈"的，这就很说明问题了。13世纪70年代，瑞士的一座村庄为一个名叫路易斯的聋哑男孩发明了一套基本的手语，而路易斯后来成了一名成功的铁匠。

所以为什么不在有能力的时候把残疾变成一种优势呢？西班牙的聋人修女特蕾莎·德·卡塔赫纳（这是她的姓氏，不是她的出生地）就是成功案例。对中世纪西欧的修道士和修女们而言，他们的主要职责就是每天唱祷词，一唱就是大半天（加一晚上）。出生于1420年前后的特蕾莎以她的耳聋为灵感来源撰写了两本书。在题为《病弱者的树丛》（*Grove of the Infirm*）的第一本书中，她将耳聋带来的生活上的不便，比如听不到宗教音乐所以无法充分参与祈祷，转化为内心的果实。她认为恰恰是耳聋将喧嚣的世界隔绝在内心之外，让耳聋者得以专心信仰上帝。在她的第二本书《惊叹上帝所为》（*Wonder at the Works of God*）中，她礼貌地给侮辱她的人列了长长的清单，指出他们错误的原因。

对了，特蕾莎是西班牙最早的知名女作家之一。

向特蕾莎学习吧，为你不费吹灰之力就能无视那个吟游诗人而感到高兴，顺便嘲笑一下那些做不到的人。

二号战术：静候良机

如果你只能像特蕾莎那样对欺负你的人进行含蓄的报复，那我建议你咬紧牙关，等着你面前的吟游诗人"惨遭不测"吧，就像1515年在巴黎惹了祸的旅行艺人"笨罐先生"一样。这位仁兄自编自演了一部"布道闹剧二合一"性质的作品，并因此被抓到了国王弗朗索瓦一世面前。至于他被抓的原因嘛，大概是这部闹剧的主角影射的明显是弗朗索瓦一世和他的情妇。

不管怎么说，传言弗朗索瓦一世下令剥去笨罐先生的衣服，并对他施以鞭打。当然，吟游诗人们受刑时的惨叫并不能完全抵消他们给你的鼓膜带来的折磨，但总比什么都没有强。弗朗索瓦一世显然也觉得这还不够，他还想下令让人把笨罐先生五花大绑，塞进麻袋，然后扔进窗外的河里淹死。

然而，靠着自己其实是个祭司，只受教会法律约束之类的托词，笨罐先生最终还是逃过了这一劫。显然，弗朗索瓦一世忘记了笨罐先生是个职业演员，而宫廷里的其他人私下里都觉得这出闹剧非常可笑，所以故意保持沉默。

很遗憾，你并不能走运到让吟游诗人幡然悔悟、改换职业，但也不要灰心，因为笨罐先生的胜利大逃亡至少为你的旅途提供了三大有益的启示：第一，冒险小队里要有一个人擅长伪装成上流社会人士，之后会派上大用场；第二，要想在中世纪晚期伪装成神职人员占便宜，你必须读得懂拉丁语，这个技能也会被证明很有用；第三，在传播笨罐先生故事的过程中，人们可能诚实地复述了他编写的闹剧剧本的内容，但显然夸大了他后续受到的惩罚，因此，即便整个小队都遭到指控（因为你队伍里的吟游诗人是个……吟游诗人），你大概也死不了。

三号战术：借机赚钱

如果你不能像特蕾莎那样潜心敬神，那就做你自己，专心赚钱吧。

让人意外的是，在中世纪，音乐表演是一门相当赚钱的职业，一些乐器演奏家和歌手甚至是受市政府聘用的全职公务员。法国王室历史学家里戈尔（约1148—约1208年）指出，国王付给艺人们的金银、马匹和服饰的总价足以养活一个人一整年。在伊拉克和安达卢西亚，女奴身份的作曲家和歌手往往富到可以给自己赎身。没错，虽然和吟游诗人同行会委屈你的鼓膜，但你总可以告诉自己，住得起旅店总比睡帐篷强得多。

"总可以"，真是充满了主观能动性的一个词啊，对吧？

在中世纪晚期的城市里，供音乐家们赚钱的私人演出机会非常多：在社交舞会或家庭私人演出中表演；为游行队伍伴奏；为全年的各场宗教戏剧提供背景音乐……有些吟游诗人会认识那么一两个旅店老板，并让他们帮忙在计划好的演出之夜收门票钱。但希望你的吟游诗人不是汉斯·福尔茨（约1435—1513年），一位理发师、外科医生、歌手以及诗人，因为纽伦堡颁布了一条法律，点名禁止他在旅店表演自己的作品时收取门票。

但城市里同样不缺的是赚不着钱的专业音乐家，以及来自资产阶级与上流社会、靠关系找到工作的业余艺术家（福尔茨也属于后者，他都买得起或是租得起印刷机了，显然相当有钱）。而其他音乐家要想养家糊口，只能指望有足够多的人愿意施舍他们几枚硬币，即便是平时可以参与付费演出的幸运儿们在事业空窗期也只能如此。从你迄今为止的冒险进展来看，究竟是什么给了你勇气，让你觉得这位非要入伙的吟游诗人的业务水平足以让他给舞会伴奏呢？

三号战术似乎有一些战略性失误啊。

❦ 三号战术的替代方案：和宠物贴贴

中世纪的大部分音乐演出中都融入了其他的娱乐表演形式，比如讲述亚瑟王的传说或者故作蠢态。和我们险些被扔出窗外的人气艺人笨罐先生一样，行走江湖的吟游诗人往往还会学习其他技能。这些技能可以帮助他们灵活就业，但依然没办法让他们赚够旅店房费。

如果你不能成为特蕾莎那样的人，如果那个吟游诗人就是没法"惨遭不测"，或者他们坑走了你的钱，那你也许可以靠最受欢迎的兼职找到一点儿心理安慰：成为驯兽师。

无论是勃艮第还是斯瓦希里城邦，无论是巴格达、印度还是中国，世界各地的贵族们都以修建动物园而闻名于世。这些动物园以展示动物或表演动物戏法为目的，其中的藏品通常是狮子和大象等异国动物。因为贵族们需要动物来表演戏法，所以他们不得不带着宠物一起上路。中世纪的人们同样完全懂得人类的亲密接触对训练动物来说有多么重要，英国的一本狩猎手册甚至建议人睡在未来的猎犬们的狗窝里，和小狗狗们做伴（这是有史以来最好的工作，**没有之一**）。哪怕白天你被吵得鼓膜突突作痛，至少晚上还可以靠拥抱毛茸茸的可爱小家伙们来回血。

对了，在英国，走南闯北的驯兽师被称为"饲熊人"，因为他们训练的是熊。所以关于那个"贴贴"的问题嘛……

三号战术的替代方案的替代方案：学会唱歌

自己成为吟游诗人，让其他人忍你去吧。

如何战胜江湖骗子

亨利·佩契挺过了黑死病,但他挺得过一顿午饭吗?在中世纪伦敦的肮脏街头,这可说不好。让厨师们臭名昭著的操作包括往面包和馅饼里塞炉灰、沙土和"蜘蛛网",好让它们更大更重。[1]而在1351年1月那决定性的一天,佩契和他的两个朋友犯下了一个错误:他们停下来在亨利·德·帕瑟勒维经营的小摊上买了鸡肉馅饼。根据陪审团的形容,这些鸡肉馅饼"腐烂发臭,应当为全人类所憎恨"[2]。

但佩契和他的朋友们在发现这一点之前,已经狼吞虎咽地吃掉了一大半馅饼。

所以吃午餐时可千万别学佩契,不要把你的金钱和时间浪费在呕吐出一大半自己吃下去的烂鸡肉上,也不要用非法的价格买啤酒,或者去吃用马饲料做的面包。太多小贩急切地想要榨干你钱包里的最后一分钱,他们还会想办法多收费,他们会只收便士,不让你用更大面值的硬币付款,从而趁机"修改"汇率。

当然,你不是这种狡猾的人,所以你只需要研读法典和商人手册之类的资料,了解在旅店内外需要规避什么样的骗局就够了

1　Henry Thomas Riley (ed.), *Munimenta Gildhallae Londoniensis* (Longman, Green, Longman, and Roberts, 1860), 3: 415.
2　Henry Thomas Riley (ed. and trans.), *Memorials of London and London Life in the XIIIth, XIVth, and XVth Centuries: Being a Series of Extracts, Local, Social, and Political, from the Early Archives of the City of London* (Longmans, 1868), 266.

（是让你**规避**，懂吧）。如你所料，高居骗局榜单第一名的是卖酒。

卖酒高居榜首的真正原因甚至比表面上看起来的更加邪恶。只要不是"苦水"而是"甜水"，或是煮开的苦水，很多水都是可以喝的。但葡萄酒、啤酒和麦芽酒是基督徒和犹太人老少咸宜的日常饮料，它们比水热量更高，也更有滋味，因而在中世纪或多或少成了像汽水一样流行的饮品。

尽管如此，依然有许多传教士大声疾呼，声称喝酒买醉是一种特别恶劣的罪过。这足以说明你在旅店里点的酒水有可能带来一些额外的问题，需要你在开怀畅饮之前好好考虑一下。

最古老的骗术出现的时代跟圣经故事里的年代一样久远：旅店老板随餐售卖的是好酒，但随着夜色渐浓，他们会把酒换成越来越便宜的品种，强卖给已经醉到尝不出区别的食客。旅店老板还有可能在酒的优劣和产地上撒谎，例如奥格斯堡允许小贩售卖所有他们想卖的法国葡萄酒，但禁止他们挂羊头卖狗肉，打着法国酒的名号卖德国产的葡萄酒。

如果你根本没有钱买酒，那你就不会因为一夜买醉被骗了。但这可不行。如果有人需要为疯狂大逃亡或是冒险准备路费，那你——我是说，他们——应该试试靠花言巧语卖香料。鉴于西欧人对香料的定义十分宽泛，只要是"来自远方的贵东西"都算，所以只要在这行里干上几天，保准你要么腰缠万贯，要么锒铛入狱。

和所有真正的国际商人一样，贿赂不过是你预算中的一项罢了。你可是有**正经的**骗局要操控，啊，不是，要担心呢。香料通常以大批量称重的方式出售，但判断质量好坏靠的都是少量样品，所以千万别让卖家给你选样品，生意场上谁都不能信。

在旅途中，你会碰见对秤做手脚的小贩，或是这样更极端的例子：威尼斯人对亚美尼亚的小麦商人大发牢骚，因为据威尼斯人说，对方直接发明了一套新的称重方法。但你是个老外，你又懂些什么？除此之外，即便双方对称重结果都满意，也防不住卖家为了压秤给商品里加点儿料。

实话实说（……），你应该做好心理准备，你买的所有香料里都混有一定量的沙土。不骗你，伦敦甚至真的为分拣香料的人设立了一个行会。当然，如果你是把香料卖给伦敦商人的那个人，这些分拣工是不会帮忙的，但如果你是那个买香料的伦敦商人，你就要付钱请他们帮忙了。真的，这行里的人心都比装香料的口袋还脏。

别急着以为香料里的沙土是你唯一要担心的问题。在14世纪的《达·卡纳尔杂录》（*Zibaldone da Canal*，比起直接说"大概是达·卡纳尔家族中某人的草稿本"，这个意大利名字显然更有意思）一书中，有长长的一章专门用来解释如何辨别香料的真假。

和你可能想要购买的各种可食用商品一样，鉴别香料质量最好的办法就是用嘴尝尝样品。但给你提个醒，未经加工的氧化锌和龙涎香虽然是两种比较贵重的香料，但它们实际上就是从烟囱里刮下来的炉灰以及晒干了的鲸鱼呕吐物，所以并不是所有香料尝起来都不错。既然说到这里，还有一件事需要提醒你：不是所有的东西都能进嘴。雌黄是一种用来制作染料的矿物，这种矿物新鲜时还好，可一旦经过氧化分解就会变成……砒霜。

归根结底，香料贸易这一行之所以还能运转下去，是因为商人们做生意依靠的还是名声和回头客。商人和旅店老板不同，后者也许能骗偶然路过的外国旅客上钩，可如果商人因为自己比其他同行骗人频率更高而闻名，那他就没生意可做了。当然，如果这个商人就专门做这种"一锤子买卖"，那就另当别论了。

所以，我亲爱的、初次上路的外国旅客，要当心祸从口入啊。

如何与酒馆女招待调情

> "嘿,宝贝儿,想不想回我的修道院,讨论讨论独身誓言?"

稍等一下,这位情场猛虎/母猛虎(注意:中世纪人描述老虎时,他们想说的其实是猎豹)。骑士精神是给贵族,特别是那些想要装作自己是战功赫赫的骑士的贵族准备的。而对你来说,在冒险途中和酒馆女招待调情有两个可能的结局:一、她先是假装高冷,之后找机会加入了你们的小队;二、有人看到你跟她调情,勃然大怒,你们双方在酒馆里大打出手,她被迫跟你和队伍里的其他成员一起逃走了。

所以即便"恐怕我要把你送上绞刑架了,因为你是偷走我心的江洋大盗"是你最能拿得出手的情话也不要紧,但在你准备开口之前,你需要考虑另外三个问题:我能和酒馆女招待调情吗?我想和酒馆女招待调情吗?我该和酒馆女招待调情吗?

❀ 我能和酒馆女招待调情吗?

常言道,情场即战场,因此这个问题本身可以拆成三个小问题:

我能和酒馆女招待调情吗?

"嘿,宝贝儿,想去忏悔一下肉欲之罪吗?"

你的土味情话就像欧洲的城市:听者被尴尬致死的速度远超被新生儿取代的速度。中世纪的城市之所以被称作靠外来人口维持人口数量的"人口池",可不是因为人们可以在这个"池子"里洗大澡。毕竟无论你有多心动,如果酒馆女招待死于瘟疫,那你一样没机会。

虽然城里人没能单靠自己让城市繁荣兴盛起来,但外来的移民们可在这方面立了大功。中世纪,随着人们从农村迁往附近的城市寻找工作,城市人口激增。你离比利时越近,就能看到越多的年轻女子。十几二十岁的她们希望通过自己的努力赚得更多的嫁妆(比利时,真是著名的爱情国度啊)。

换句话说,你的确可以跟酒馆女招待调情,因为城里有一大批年轻女子,她们都单身,有自己的工作,并且期待进入一段长期的关系。

但是……

我能和酒馆女招待调情吗?

"你可能要被送上火刑柱了,宝贝儿,因为你刚刚对我下了咒。"

你的土味情话就像中世纪的婚姻:事先安排好的必然不怎么样。

在欧洲的上层社会中,包办婚姻几乎是一种硬性要求,除了两情相悦,什么都能成为结婚的理由。如果你最能拿得出手的情话是"嘿,宝贝儿,想来参加比武吗?我要让你感受骑士和仆从之间的区别",那包办婚姻这种不需要调情的求婚方式对你来说大概是种解脱。

但如果你符合与酒馆女招待结婚的法律要求(男性,至少年满十四岁,但她年满十二岁就够了),先别急,你可能会想见见纳瓦拉王国的阿尔布雷的胡安娜,还有拥有的领地配不上自己野心的威廉公爵。

胡安娜的父母(纳瓦拉王国的国王和王后)安排她嫁给威廉——一位妄想反抗神圣罗马帝国皇帝的德国公爵。在1541年二人的婚礼上,这位年仅十二岁的公主痛哭流涕,被人抬到了教堂的祭坛前。随后,威廉的叛乱以失败而告终，他的婚姻也同样告吹。1545年，胡安娜赢得了婚姻无效的判决。

另一方面，胡安娜开始积极地"包办"自己和安托万·德·波旁的婚姻，两人于1548年成婚。这场婚姻让胡安娜的儿子成了纳瓦拉国王以及法国国王。当她发现自己已经不再爱丈夫时，她表示"无所谓"，并选择专心帮助她的家族崛起。胡安娜自己担任了法国和纳瓦拉境内的"异端"新教运动的领袖，并宣布将新教定为纳瓦拉的国教。初次结婚时那个痛哭流涕的小女孩在第二次婚姻中成了**让天主教变成异端邪说的领袖**。

包办婚姻——请务必不要这样做。

那么下面来看看：

我能和酒馆女招待调情吗？

这个问题我们已经探讨过了。

不，你不能。

✿ 我想和酒馆女招待调情吗？

"我这是穿越到文艺复兴时期了吗？因为你真是一件如假包换的艺术品。"

你的土味情话就像中世纪10%到25%的城市女性：永远解决不了自己的终身大事。

但这个数字并不意味着这10%到25%的中世纪女性（修女不算）只对其他女性有兴趣（这也不等于这10%到25%的女性就会对你感兴趣）。男性作家花了大把时间用性来定义女性，就别给他们添砖加瓦了！中世纪女性不结婚也许是为了独立，也许是因为她们不想要小孩，也许是出于宗教方面的愿望，也许是出于我们永远无法知晓的其他无数个原因，因为她们并没有把这些原因写下来。

另一方面，那些（合法的）单身女性的生活让我们得以了解中世纪爱慕同性的女性——无论是真实的暗恋还是闺蜜情深——如何安排自己与伴侣共同的生活。1493年，（可能）来自伦敦的托马西娜与一位仅仅被称为"情妇"的女士在伦敦共享了一间房间。奥芬堡的格特鲁德（死于1335年）是一名富裕的寡妇，她敞开家门，收留了施陶芬贝格的海尔克，一名年轻的未婚女子。为了更好地养活自己，她们二人合谋，要从海尔克的兄弟手上夺回属于她的全部遗产。二人一直住在一起，直至格特鲁德去世，她们共同生活的时间足有三十年二十八周。1270年前后，吕贝尔西的妮可和一名仅留名为"伯爵夫人"的女子在一家旅店租了同一个房间。尽管她们各自都很穷，但当对方生病时，她们都去找了额外的工作，好靠自己养活两个人。

再次强调，不要急着对以上任何特定案例下结论，它们只是提供了同性之爱的模板。但毫无疑问的是，这些案例表明，中世纪的欧洲人已经精通了闺蜜情的艺术。正如这段有关格特鲁德和海尔克的描述一样："她们生活在一个屋檐下，同甘共苦，仿佛这一切本就该与对方分担。二人中的一个生病，另一个也会感到痛苦……以上帝的名义，她们如朋友一般互相帮助，分担这份痛苦，一同过着快乐而幸福的生活。"[1]

所以如果你真的觉得那个酒馆女招待很漂亮，那为什么不撩她一下试试呢？也许胜算不像上面的10%到25%那么精准，但她还是有可能

---

[1] Anneke Mulder-Bakker, *The Dedicated Spiritual Life of Upper Rhine Noblewomen: A Study and Translation of a Fourteenth-Century Spiritual Biography of Gertrude Rickeldey of Ortenberg and Heilke of Staufenberg* (Brepols, 2017), 131.

反撩回来的。

这就到了我们的最后一个问题：不管是男是女，已婚还是单身，对她有没有意思……

我该和酒馆女招待调情吗？

"嘿，宝贝儿，想来我的城堡探索高塔吗？"

你的土味情话就像酒馆斗殴：绝对不该出现在家庭场所里。你猜怎么着？你光顾的这家酒馆很有可能确实是家庭场所。

也许是这家的父亲在房子底层开了一家旅店，并培养儿子当接班人；也许是这家的母亲偶尔在丈夫收入不景气时支起几张桌子招待客人；也许是一个寡妇把房子的一部分改造成了公共空间。

没错，有些中世纪旅店的确是典型的独立产业，有一座专门的建筑，也许还有自己的酿酒厂，以及在不同岗位上各司其职的大批员工（确实，有时候"旅店"是一种委婉的称呼）。但即便已经到了现代早期，可供妇女选择的正式职业普遍减少，由女性经营的小旅店依然很常见。这些旅店往往开在她们家里，由一家人，也就是老板娘的全家老小一同经营。

有一年，雅克·勒·弗朗索瓦就在皮特尔城亲身体会到了这一点。他当时正坐在旅店里安安静静地喝着麦芽酒，做着自己的事情，却被旅店老板一家人毫无理由地赶出了店门（毫不意外，旅店老板描述此事时在"毫无理由"后面补充称，雅克是个烂醉如泥的暴力流氓，还骚扰了他的家人。而邻居又在"烂醉如泥的暴力流氓"后面补充称，雅克和旅店老板的家人因为一些土地发生了争执）。

换句话说，你看上的那个酒馆女招待很有可能是酒馆老板的女儿。哪怕她只是这家的仆人，中世纪的人也经常因为仆人未经他们允许就谈婚论嫁而把仆人告上法庭。

旅店老板要时刻保持注意力集中，既要阻止顾客们大打出手，又要把顾客灌醉，好卖出更多的麦芽酒或者啤酒。他还要注意往酒里掺水，好赚更多的钱。只要这些老板在做父母或做雇主方面还算靠谱，他们就同样会留意那个漂亮的酒馆女招待——还有你。

不管你是男的、女的、非二元性别者，还是靠有丝分裂进行繁殖的阿米巴原虫，有些时候，和酒馆女招待调情真不是什么好主意。老好人雅克的故事已经告诉了我们，家人们为了保护彼此是会不择手段的。

那来谈谈酒馆斗殴吧。

如何在酒馆斗殴中取胜

科瓦尔喝醉了。酩酊大醉,烂醉如泥,不省人事。这可麻烦了:那是860年,他是奥索里国王,而维京人正在大举进攻——他们进攻的是科瓦尔的家乡。此时此刻,维京人正在进攻,而且已经打到了门外。可正如科瓦尔手下的贵族告诉他的那样,"醉酒是勇气的敌人"。

但科瓦尔还是抓起了他的剑。古爱尔兰编年史这样记载:"科瓦尔是这样走出他的房间的:他将一根巨大的宫廷蜡烛举在身前,烛光远远地照向四面八方。挪威人感到非常恐惧,逃进了附近的山上和树林里,而那些勇敢留下的人都被杀了。"[1]

嗯?你说这跟你想的"酒馆斗殴"不太一样?

没关系,中世纪法庭记录里的素材绝对够给流氓们编一套《斗殴攻略大全》。

案例1:1321年11月,伦敦

迈克尔·勒·高古尔("勒"在中世纪英国人的姓氏里很常见)和约翰·福克斯在阿贝彻奇路上的一家酒馆里玩一种名叫"哈萨德"的骰子游戏。据说这种游戏是疲惫不堪的十字军在战斗间隙发明的。游戏途中肯定发生了一些事情,因为约翰并没有

---

1 Joan N. Radner (trans.), *Fragmentary Annals of Ireland* (University College Cork CELT Project, 2004, 2008), https://celt.ucc.ie/published/T100017.html, FA 277.

回家,而是在酒馆外等候。当迈克尔出现时,约翰拔剑刺中了他的心脏。验尸官的报告称,伤口有近6英寸[1]深。

约翰在几名修道士那里找到了临时避难所,随后直接从伦敦消失得无影无踪。看来这是个在酒馆斗殴中取胜的好办法。

案例2:1323年12月,伦敦

斯蒂芬·德·莱恩("德"在中世纪英国人的姓氏里也很常见)和阿库斯·德·里克林格在赌他们玩双陆棋的结果,斯蒂芬轻松取胜。之后二人一起离开了酒馆,边走边聊,然后阿库斯拔出了一把刀,刺向了斯蒂芬的腹部。他刺了两刀,其中一刀有4英寸深。

阿库斯逃走了。

案例3:1341年,卢瓦尔河畔默恩

阿涅丝·拉·帕加纳姆(这次这位真的是法国人)曾经发誓,称某块地上的庄稼应该由盖兰·勒·皮奥内尔收割,但她却率先带人收走了所有的庄稼。而盖兰只是径直冲进她的酒馆,骂她是个撒谎的婊子,并威胁要烧掉整座酒馆及楼上的旅店。

哦,后来盖兰把她告上了法庭,还胜诉了,她不得不赔他100里弗尔。在对手开的酒馆里打赢一场架,这可真是高阶玩家的行为。

案例4:1301年3月,伦敦

罗伯特·德·埃克塞特、罗杰·德·林肯、亨利·德·林肯以及酒馆女招待莱蒂西娅显然没有在玩跳棋,但托马斯·德·布里斯托和乔伊斯·德·康沃尔的确在玩。罗伯特、罗杰和亨利中的某一个人觉得跳棋

---

[1] 1英寸=2.54厘米。——编者注

棋盘是做爱的绝佳场地，于是其中一个人和莱蒂西娅一起四仰八叉地躺到了长椅上，把跳棋棋子撒得遍地都是。

后续的事态发展有些混乱，但不知为什么，被扒到只剩内衣、躲到楼上的人竟然是本来在下棋的托马斯。罗伯特顺走了托马斯藏起来的匕首，乔伊斯却横尸街头。

罗伯特、罗杰和亨利逃脱了，而托马斯则在如何隐蔽地携带武器方面被人好好地上了一课。

案例5：1397年，威斯敏斯特

走进公鸡旅店时，来此地访问的祭司西蒙·海尔吉心里想的大概不只是买杯酒水解渴，而旅店老板爱丽丝·阿特·黑瑟同样另有所图。爱丽丝刚把西蒙骗进旅店，她的朋友们便一拥而上。最终，西蒙丢了戒指，丢了钱包，丢了外套，连身上的最后一分钱都被抢走了。

大概这事儿能让西蒙更认真地遵守独身誓言吧。

案例6：1306年，牛津

威尔士的伊莱亚斯和另外两名男子试图破坏一家私人旅店，并强奸旅店老板娘玛格丽·德·拉·玛尔舍。玛格丽大声呼救，求救声传到了街上和隔壁邻居的家里。伊莱亚斯的两名同伙逃到了大街上，他自己则被玛格丽的邻居约翰堵在了地下室里。伊莱亚斯试图挣脱，并揍断了约翰的小臂，但约翰依然死守着楼梯，并且不断对伊莱亚斯的脸施以老拳。

尽管这场酒馆斗殴没有赢家，但玛格丽和约翰还是笑到了最后：当地的狱卒是约翰的父亲。

案例7：1513年，慕尼黑

上一刻，约尔格·里格勒还在和著名骑士卡斯帕·温策尔手下的一个无名仆人分享一杯葡萄酒；下一刻，他们就相约离开酒馆，打算谋杀他们出门碰到的第一个人。

日暮时分，他们遇见的第一个倒霉蛋正在求他俩饶自己一命。他什么错事都没做过，他根本算不上什么威胁——看，之前的一场意外让他失去了一只手，他不可能成为威胁！于是里格勒和那个仆人决定杀掉他们碰到的第二个人。后来那个仆人被逮捕了，他把责任全推给了里格勒，然后被处决了。里格勒可能也被逮捕了，显然他又把责任甩给了那个仆人，而且很明显，他成功逃脱了处决。

但正所谓"不信抬头看，苍天饶过谁"，两年后，里格勒喝醉了，失足从楼梯上摔了下去，一命呜呼。

除此之外，还有最后一招，这招只有最勇敢的灵魂在最可怕的情况下才能使用。比方说，在科瓦尔用大蜡烛和剑击退维京人之后的那个早晨，破晓时分，幸存的维京人卷土重来，而科瓦尔带头向他们发起了冲锋。编年史记载："科瓦尔在此役中浴血奋战，前一天晚上的豪饮给他带来了很大的阻碍，让他吐了很多次，可这给了他巨大的力量。"[1] 最终，他满载着荣耀与战利品回家了。

忘了上面那些案例吧。这才是你在酒馆斗殴中取胜的正确方式。

---

1 *Fragmentary Annals*, FA 277.

如何屠龙：中世纪英雄冒险指南

如何逃离旅店

在12世纪的热那亚，城中的大户人家都会在家宅旁边修建高耸而优雅的塔楼。这些塔楼代表了这座城市的权力与财富，以及它在利润丰厚的跨地中海贸易中占据的主要地位。

然后，这些家族在高塔顶端修建了投石机，这样他们就可以向其他高塔投掷大石块，把它们砸倒。

到这时，在不断变化的家族联盟之间持续了几百年的战争已经进入尾声。这场战争引发了一系列争端，其中包括在市议会的会议中发生的一起谋杀。在中世纪，人们的记性都很好，搞家族世仇，他们是认真的。

这也就是说，所以，让我们来谈谈那场酒馆斗殴吧。

谁要逃出城市？

没错，人们会发现你在酒馆打架的事。不，他们发现这件事对你来说可没什么好处。无论你是输是赢（有我的英明指导，你怎么可能输呢？），那个要逃出城去的人都是你。

在中世纪晚期的欧洲，"街谈巷议"有一个正经的拉丁语名字"fama"（传言；名声、声誉）。单看这一点你就能明白它有多重要了。"声誉"这个词远不止能成为法庭上潜在的证据，或者能让你在文法学校里不好过这么简单，它既可以是法官，也可以是陪审团。

"声誉"的核心是拥有"好名声"或者"坏名声"。也就是说,你和人打架在法律上有什么样的后果取决于双方谁的名声更好。对你这个外地人而言,这是件板上钉钉的坏事。

一本法国的法律教科书提供了一个和你目前的境况直接相关的案例。案例中虚构的受害人住在一家旅店里,而他们的随身物品消失了。如果旅店老板的名声不好,那显而易见,他必然是偷走客人财物的贼。但假如旅店老板名声很好……那么,首先,还会存在这起案件吗?

当然,这个案子探讨的只是一种理论上的可能性,现实中的情况可能不会这么极端。但你能有这样的幸运吗?

为什么要逃出城市?

暴力才是"旅店"真正的招牌菜。事实上,如果你入住的那家旅店经常有策划抢劫的强盗光顾,可旅店里却没有人打架,那么反而会让人生疑(另一方面,如果你的确住进了那样的旅店,那你很有可能已经跟那伙强盗中的一个打过一架了,你绝对不想再在此地久留)。

不过,从法庭卷宗来看,中世纪的欧洲人大部分(嗯,大部分)还是反对暴力的,即便在最容易发生暴力冲突的环境中也是如此。热那亚人也不过是时不时朝别人家的塔楼扔扔石块而已。这种阻止暴力的努力不仅体现在法律条文中,还体现在实践中。在有些地方,如果邻居和旁观者没有主动上前拉架或追逐坏人,那么他们自己也有可能被指控犯罪。

还有一件跟你有关的事情:为了把暴力事件扼杀在摇篮里,人们有时会无所不用其极,甚至会豁出自己的命。在1565年的美因河畔法兰克福,汉斯·赫克佩彻是彻头彻尾的中产阶级。他骑着驴穿过狭窄的大门进城,而就在这时,城中的一名富人准备从同一道门出城。这个富

如何屠龙:中世纪英雄冒险指南

人，即菲利普·韦斯·冯·林堡，忽然觉得自己也没有那么着急出门，于是他一把将赫克佩彻从驴子上拽了下来，还亮出了一把刀。

记述这件事情的史料并没有说明当时城市守卫在忙些什么，不知道他们究竟是在冷漠地把守着城门，还是在一旁伸长了脖子围观二人的争执，但总之他们没有插手。但那条街上的法兰克福人出手了。有一个人拔出自己的刀，走到赫克佩彻和韦斯中间，对二人喊话，要他们冷静下来。你大概猜得到他这招有多管用。

但他并不是一个人在战斗。其他的旁观者随即加入进来，试图阻止赫克佩彻和韦斯扑向彼此。事实上，除了刚被韦斯从驴子上薅下来时惊讶地骂了几句脏话，（据说）赫克佩彻本人甚至也试图手无寸铁地靠近韦斯，请求他不要动武。虽然城市守卫在场，但在劝架中发挥主要作用的还是普通市民。最终二人都没有丧命。韦斯甚至想要刺向其中一位市民，但大家寸步不让。

所以说，哪怕酒馆里的围观群众预料到会有人打架，可能他们也并不希望真的有人打架。

忽然之间，这家旅店和这座城市好像都没那么欢迎你了。

❧ 何时逃离城市？

别犯傻了。

立刻！马上！

❧ 如何逃离城市？

如果现在是白天，你逃离城市会容易一些（但现在很可能不是白天）。首先，你必须赶在流言蜚语流传开来之前逃走。理论上讲，有关犯罪和罪犯的消息传播的快慢取决于马的速度。而在具体实践中，中世纪城市里也有"限速"一说。中世纪对"超速"的定义是"不能让马在踩死小朋友的边缘试探",而超速监督员则是其他市民。所以在大多数情况下,"声誉/流言"的传播速度和人走路的速度或让人听得懂的喊声的传播速度持平。如果你想先找个地方躲起来,等风头过去再露面的话,在行动前至少先想想中世纪巴黎人的情况吧,他们可是以事发后许久依然对罪犯穷追不舍而闻名的。

为了避免引起人们怀疑,你要么混入人群当中,要么以正确的方式鹤立鸡群。第一种方案只需要你穿上有当地风格的衣服,而更冒险的第二种方案则需要你穿着另一个城市风格的时兴高档服饰——如果你选了这个方案,那么选对城市风格至关重要。到1500年,有不少城市之间达成了协议,规定来自其中一座城市的商人在另一座城市也同样受故乡法律的保护(前提是他们不要涉及谋杀罪或纵火罪,至于你这个情况,呃……)。

鉴于太阳已经在一个符合你所在地纬度的时间落山了,你还有几个问题要考虑。

第一个问题就是如何直接到达你的目的地。即便你已经神奇地知晓了整座城市的布局,可还有一个小问题在等着你:你看不到自己是不是走对了方向。狭窄街道两旁的多层建筑很有可能把月光挡得严严实实,而那些经常面临敌人潜入或进攻威胁的城市,例如伊比利亚内陆地区的各大城镇,往往会颁布法令,规定只有城市守卫才能在夜间携带火把。

最简单的解决办法是伪装成一名城市守卫。由于守卫的值班安排往往是临时轮换上岗,所以这个岗位上总有新面孔出现,假冒守卫简直顺理成章得出奇。

不幸的是,对城里的民兵领导来说,他们想出的应对方法也十分顺理成章:他们搞出了(我是认真的)一套轮流使用的口令暗号,每当守卫们在巡视途中遇到同事，或是有人试图以正当理由从他们看守的大门出入时，他们就会互相对暗号。

如果其他所有方法都失败了，你还有最后一个"焦土"战术：用放火来分散注意力。对中世纪的城市而言，火灾几乎是头号危险，要想分散附近人的注意力，让他们手忙脚乱到无暇顾及你，放火是最快的方式，没有之一。

但我建议你还是忘了这个主意吧。作为攻击城市的武器，放火会让你立刻犯下纵火罪和叛国罪。如果火灾中有人遇难，那你就又犯下了谋杀罪。这样一算，你一下子就背负了**两项死罪**，而法典中对死刑的执行方式往往规定得非常具体。最重要的是，你可是个英雄。英雄可以**被指控**犯下纵火罪和谋杀罪，但他们不能真的去**犯罪**。

如果你真的走投无路，你还可以挑一座意大利某个家族修建的塔楼闯进去，给投石机里装上石块，然后开工。如果从高塔上扔石头把仇家的宫殿砸个稀巴烂还不足以掩护你逃出生天、重新上路，那你真的没救了。

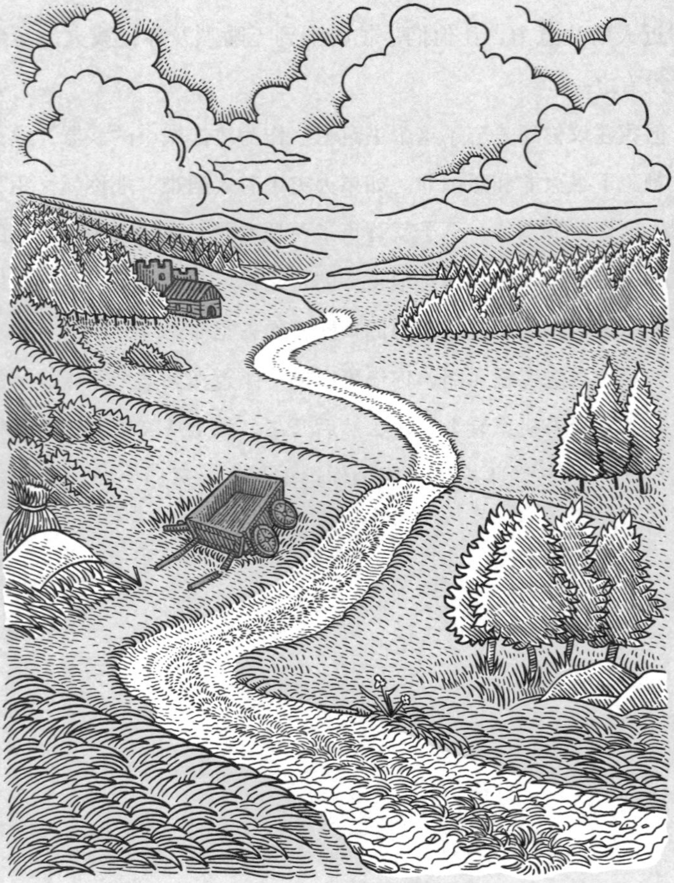

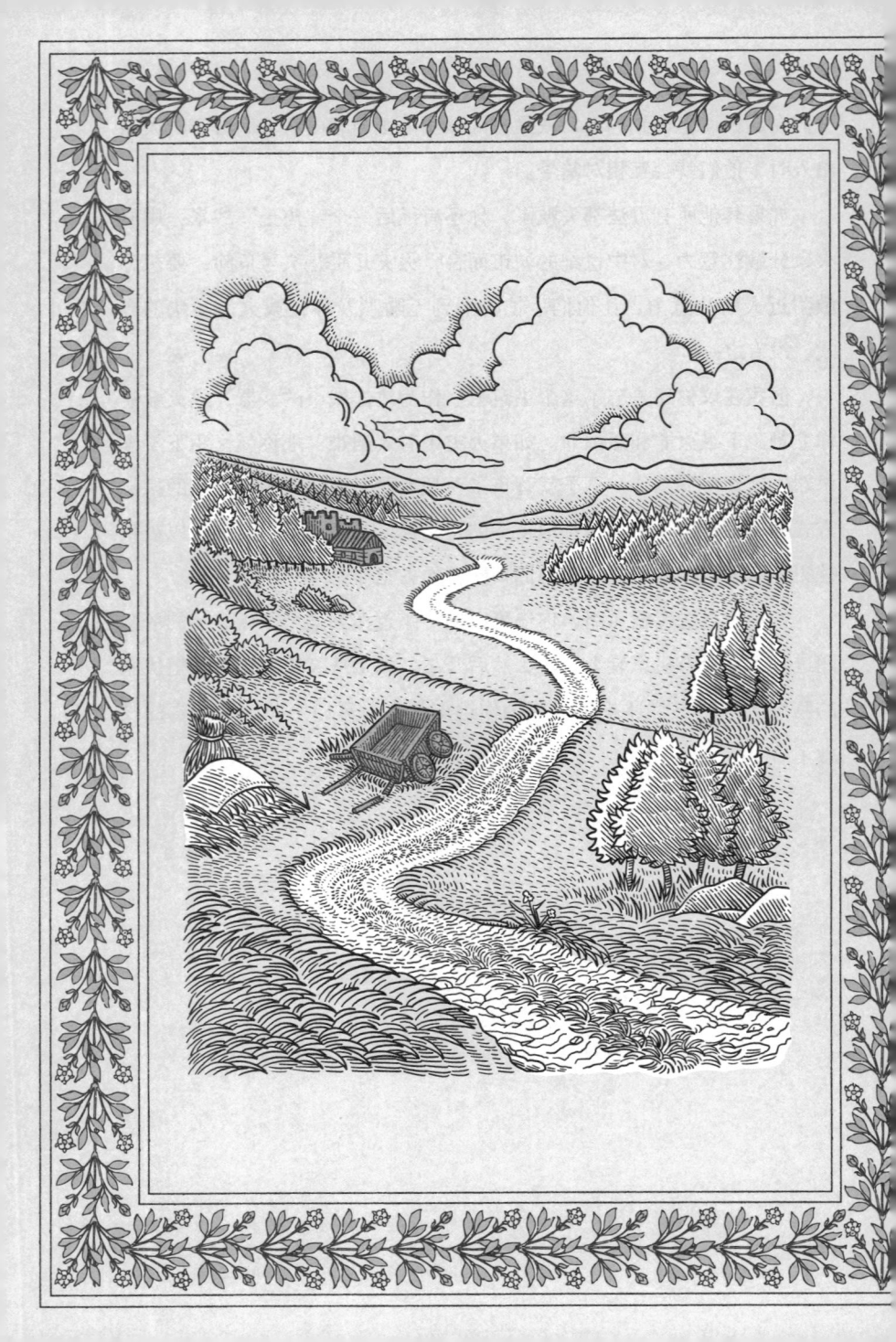

踏上征途

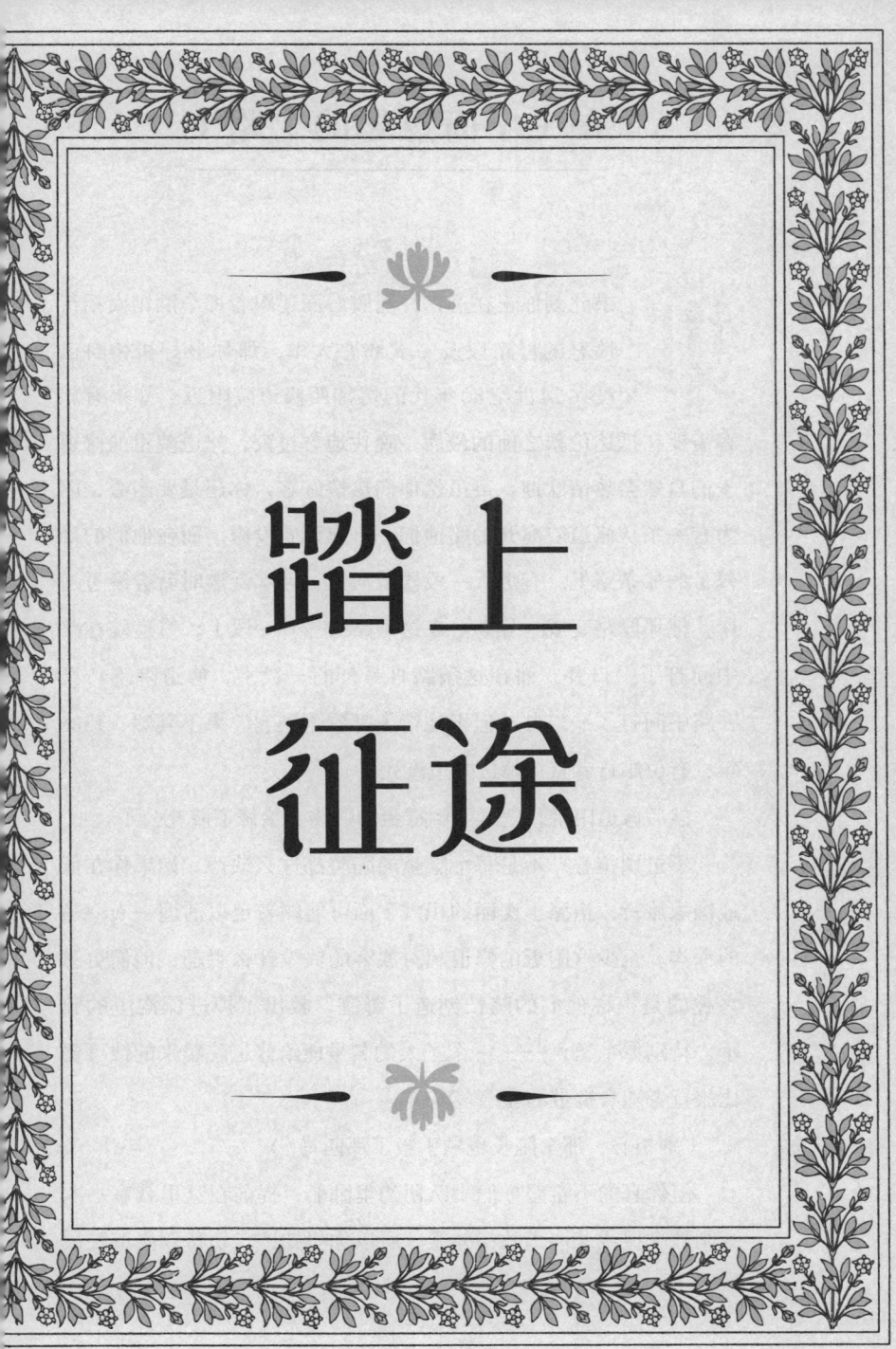

在（字面意思的）路上

如果此刻你正在逃亡，屁股后面还跟着那个酒馆女招待愤怒的母亲以及一支邪恶大军，那你最好祈祷自己没在14世纪80年代的切特西修道院附近。如果有旅客需要在抵达伦敦之前的最后一晚找地方过夜，修道院里的修道士们自然会热情欢迎。可虽然他们热情好客，你还是要当心，因为有一条从修道院离开的路他们一直拖延着没修。而在他们**的确**修了的那条路上，有那么一段挨着河边，河水泛滥时就会漫过河岸，把那段路变成一片湖。在这条路的另外一段上，修道院在路中间打了一口井。而在这条路再另外的一段上，修道院凑巧又在路中间打了一口井，但来往行人都看不到它。果不其然，1386年，有位旅行者直接掉进井里淹死了。

然后修道院院长把这个倒霉蛋的财物交给修道院充公了。

不过别担心，不是每个隐蔽的陷阱都这么缺德。如果你在低地国家旅行，道路上美丽的积雪下面可能藏着足以活埋一人一马的深沟。至少这附近的修道院对旅客的钱没什么兴趣，他们更感兴趣的是声称他们的院长创造了奇迹，救出了掉进深沟里的骑手，特别像个圣人—— 一个圣人的名号能给修道院赚来的钱可要比旅行者随身携带的盘缠多多了。

（别担心，那个院长也顺手救了那匹马。）

但你真的不希望你们小队阴沟里翻船，提前在这里就来一次戏剧性求援或悲惨事故初体验，所以你得知道，切特西修道院最多因他们在道路修建及维护方面的失职而被告上法庭，因为中世纪的道路通常不会那么理所当然地存在。

鉴于在此之前你的旅行仅限于在村子里的市场和圣人的神坛之间往返，你有限的旅行经验会让你觉得中世纪只有三种路：土路、泥巴路和送命路。但随着中世纪人口不断增长，商业贸易日益恢复，在人流量大的旅行路线上翻修道路不仅越来越必要，还越来越有利可图。

垒起小土堆做路基可以有效避免道路变成水塘。而如果你足够幸运，穿越成了800年前后的查理曼大帝，那你就可以让手下在前面开道，帮你平整道路，剪掉想抽你一脸的树枝（但你没有那么幸运，成不了查理曼大帝，洗洗睡吧）。

如果（非常）偶尔路过的手推车在路面上轧出了会让人崴脚的车辙，当地的地主们会在上面铺上木条。或者他们也可以向马尔堡的工程师们学习：每次路基破损得太严重，马尔堡的工程师们就会把它加宽一些，最终搞出了将近一千米宽的路基。这得有多爱泥巴啊。

如果身上不小心沾上了泥巴的话，洗洗衣服就好啦。

如果脚下的路况开始变好了，那你就会知道自己离城市不远了。到中世纪鼎盛时期，西欧人已经开始用夯实的碎石铺路，而且这并非城市的专利。如果你足够幸运，甚至有可能在城里见到用鹅卵石铺的路。在1301年的伦敦，人们显然早已不需要在泥泞中艰难跋涉，毕竟曾经有行人对托马斯·阿特·彻奇破口大骂，因为他在城里骑马骑得太快了。

专家建议：请勿招惹前现代时期的路怒症患者。那个行人最终一命呜呼，而"名中注定"要去教堂的托马斯[1]最终也因为这个非常合理的

---

1 Thomas atte Chirch 这个名字中的"atte"相当于现代英语里的"at"，类似中世纪其他带地名的人名中的"of"，表示和所属地之间的关系。"Chirch"是"church"的中世纪非规范拼写法，所以这个名字本身的意思就是"在/去教堂的托马斯"。——译者注

理由真的去了教堂。

与此同时，近东的阿拉伯化文化则对欧洲人津津乐道的"硬路面"和"轮子"嗤之以鼻。他们从几乎垄断了进出于马里的黄金和象牙贸易的柏柏尔人那里得到启发，从对付拉车的牛排出的牛粪改为对付运货的骆驼排出的骆驼粪（非常奇怪的是，无论是阿拉伯还是欧洲的史料都对这种"比较屎学研究"着墨甚少）。

总的来说，中世纪世界的人们既擅长为了满足自己生活和出行的需要而调整道路，也擅长调整自己的生活环境来适应道路状况。农民们喜欢住在主要的村庄中，而非孤立的农场里，从而减少养护道路的麻烦。斯堪的纳维亚半岛北部的萨米人训练驯鹿为他们拉雪橇，柏柏尔人骑骆驼，纽伦堡人用鹅卵石铺路，而有些人则巴不得你掉进井里。你想要路（或者说你想要的其实是它们通向的桥梁和隘口），你也拥有了路。

当然，你也要为路掏钱。没有哪个城市、哪位领主或者哪位国王会愿意为了方便你一个人旅行而当那个送钱的冤大头。城市给出的解决办法很简单：对每一个值得征税的居民（大概是城里一半的人口）收税，对外来的游客收更多的税。而领主们为了收回他们修路的费用建起了收费城堡，这种城堡往往只有一座塔楼，主要目的是确保每一个旅行者在通过十字路口或桥梁前都付了钱。

那这个系统管用吗？我们不妨来看看阿尔卑斯山的例子。

怕你忘了，提醒你一下，西方基督教世界的中心是罗马，而将罗马与基督教世界的其他地方分隔开来的是阿尔卑斯山。鉴于人们需要信使快速往来于罗马和其他各地之间，而且进出意大利城市的商贸交通也十分繁忙，人们别无选择，只能想办法翻过山去。

但那可是**阿尔卑斯山**啊。1480年，勇敢的德国祭司菲利克斯·法布里这样形容一段**维护良好**的阿尔卑斯山路：积雪下面是一条足以没过人膝盖的泥巴路,这条路非常窄,只够一人通行,路的一边是锯齿般锋利的石壁,另一边则是陡峭的悬崖(当然,这里就非常适合你戏剧性求援或来一场悲惨事故的初体验了)。

然而,当他于1483年第二次旅行至此时,他收获了一个惊喜,呃,要先在一座新建的收费城堡里交一笔不菲的过路费这事儿比起惊喜更像是惊吓。但在那之后,他就可以和马车一起分享一条泥巴只没到脚脖子的宽阔泥巴路了!这时他才发现,原来偶尔还可以在路两边看见类似护栏的东西呢!

负责管理这条路的是奥地利与蒂罗尔的西吉斯蒙德公爵。他算了一笔账,如果能够吸引更多的人由此通行,他就能大赚一笔。而且他有办法实现这个目标:他很有钱,有钱到可以用火药炸开半座山的岩壁。难怪法布里看到收费城堡时大吃了一惊,鉴于公爵用得起那么多火药,他大概以为这种有钱人不差这点儿过路费回本呢。

如何旅行

如果我们说的是连接你们村和"城镇"最外沿之间的那14英里路,以及大概算得上是"路"的东西,那你当然是最熟悉地形的行家。至于要去中世纪世界的其他地方嘛……是时候找真正的旅行专家取取经了。

❦ 如何以教皇信使的身份旅行

- ♦ 优点:提供马匹,速度快,路线熟,有工资。
- ♦ 缺点:需要在大冬天翻过阿尔卑斯山。

来看看下一个方案:

❦ 如何以朝圣者的身份旅行

从穆斯林的朝觐到基督徒拜谒当地圣地的旅行,朝圣大概是最有中世纪特色的出行理由了。在中世纪的最开端,长途朝圣者会组成旅行团,还会写旅行日记。到1500年,朝圣者们依然有旅行团,依然在写旅行日记,但他们还有导游手册、酒店折扣房、法律保护、被祝福过的剑以及旅游纪念品。对朝圣者而言,如果没有虔诚祈祷的心,所有这些都是无用的,因为只有虔诚祈祷的心才能将这趟肉体的旅程转化为心灵之旅。但对你而言,这些东西非常有用,它们为你提供了完美的伪装。

伪装朝圣第一式：浑水摸鱼

朝圣之旅有各种各样的方式。理想情况下，基督徒应当独自朝圣，在独处中祈祷与冥想；谨慎的朝圣者会结伴而行，以避免遭受强盗袭击；模范的朝圣者会全程步行；务实的朝圣者会选择穿他们沿途能修得起的鞋子；幸运的朝圣者有马。大部分朝圣都是短途旅行，通常只需要从城门出发走上一天甚至更短的时间。但真正雄心勃勃的基督徒可能会从波兰走到罗马，犹太教徒可能会从阿拉贡走到耶路撒冷，而穆斯林甚至可能穿越撒哈拉。哪怕有人连续几天在路上看到同一个朝圣者，他也绝对不会怀疑什么的。

武器对朝圣者来说也很重要。到12世纪，祭司会祝福一些旅行者的剑，而这些旅行者会将他们的朝圣之旅视作虔诚的十字军东征（而教会经常将十字军东征视作军事朝圣活动）。1420年前后，一位匿名的法国朝圣者在路过雅法时抱怨自己必须支付额外的费用才能随身佩剑，而另一位朝圣者则颇为赞许地感慨，信仰基督教和犹太教的外国人竟然被允许随身携带武器。

伪装朝圣第二式：鹤立鸡群

到中世纪晚期，为朝圣者准备的艺术品和建议几乎已经让他们有了一套制服。耐穿的鞋子自然必不可少，但还要有一件厚厚的斗篷、一个钱包、一根手杖，以及一项最重要的宽檐帽。除了实用之外，这项宽檐帽也可以用来展示自己先前旅行带回来的小徽章。这些徽章不仅是纪念品，还是圣人或圣地所赐福的有形残余，是朝圣者与神灵之间的物质联结。如果有人只是打量一个朝圣者，那么他看到的并不是这个人，而只是一个普通的朝圣者。但如果有人仔细观察一个朝圣者，那他可能就是想在朝圣徽章方面赢对方一头。

如果一名朝圣者因为徽章脱颖而出，那他们旅途中最重要的问题，也就是资金问题就有着落了。

不是人人都是班贝格的冈瑟主教。这位主教1064年曾在君士坦丁堡停留，他的衣着是如此夸张奢华，以至于被人错认成一位微服私访的国王。也不是人人都能像前往耶路撒冷的有钱朝圣者那样，在威尼斯租赁羽毛床，供自己在跨越地中海的航程中使用。（沉船和海盗？放马过来！晚上睡觉不舒服？绝对不行！）与因经商而出差的旅行者相比，即便是普通的朝圣者也享有不小的优待。

在中世纪最早期，即便是当地的朝圣者也可以根据法律规定，要求圣地为他们提供过夜的住处。当然，朝圣者并不能免费蹭住，他们需要向圣地所在的修道院或是小教堂捐款，但这同样给了他们希望：或许有奇迹能治愈他们的疾病，或许他们能提前脱离炼狱。毕竟朝圣在精神层面的好处也不一定非要等到他们死后再兑现嘛。

对中世纪晚期的基督徒而言，危险而困难的朝圣非常适合他们忏悔自己的罪孽。这些艰难险阻同样让他们对奇迹充满希望，通过朝圣，基督徒们也可以满足自己的情感渴望。他们渴望接近上帝在人间的圣徒们留下的痕迹，也期待着有越来越多的圣地能在今生与来世帮助他们。

朝圣者人数的增加对城镇来说是个好消息，因为这意味着朝圣者会在这里花更多的钱。对这些花钱的朝圣者来说，圣地数量的增加同样是个好消息，因为这意味着会有更多的地方争着求他们花钱。做好功课的朝圣者会根据是否提供（中世纪版的）酒店折扣或免费停车服务来计划旅程，选择在哪些城镇停留。通过修道院管理的桥要收费？进城要缴税？这些问题自有修道士和地方官员帮你轻松摆平。而在城里，各家旅店为了吸引客源，会争相压低床位和啤酒的价格。

和酒馆女招待调情并不包含在服务内，所以别轻易尝试这么做。

"这也太棒了吧,简直不像真的。"

通常情况下,这确实不太真实。虽然保证朝圣者住宿的法律规定的确存在,但并不意味着每个圣地都愿意配合。即便是在罗马这种审查严格的城市里,1300年的禧年期间,最富裕的那些朝圣者也只能在帐篷里露营过夜。与朝圣服务行业一同发展起来的还有敲诈和诈骗朝圣者的行业,扒手们更是在那些免费或打折的旅店里"殷切"地等候多时了。而对长途朝圣者来说,还有一整座阿尔卑斯山在等着他们。

但最可怕的东西还不是这些。每个朝圣者内心深处最害怕的事情就是无功而返。本该成为母亲的妇女们抱着她们死产的孩子,在前往孔克的路上,她们便已经开始向那里的主保圣人圣斐德斯祈祷,希望他能让她们的孩子暂时复活,给他们足够的时间受洗。但有些时候,就算是圣人也会袖手旁观。1272年,亲密无间的妮可和"伯爵夫人"艰难地从巴黎贫民窟跋涉到圣丹尼斯地区拜谒圣路易的神坛,迫切希望圣人能够治愈妮可突如其来的失语症和瘫痪。她们在圣丹尼斯停留并祈祷了九天,但圣路易和他的神坛并无任何回应。

有一大堆祭司教朝圣者在朝圣路上该做些什么,但有谁教过朝圣者在经历过这种事情后该怎么回家呢?

"这是什么人间真实,也太惨了点儿。"

妮可和"伯爵夫人"本就一贫如洗,但为了祈求圣人治愈妮可,她们依然放弃了"伯爵夫人"九天的收入。因为中世纪的人们相信,朝圣之旅本身以及朝圣的目的地是有魔力的。

至少大多数时候是这样。

既然"朝圣者"的身份能给你提供掩护,那它也能给其他各种人提供掩护,中世纪的人们也相信这一点。克莱尔沃的圣伯纳德(1090—

1153年）自己就是一个能够创造奇迹的圣人，而他也抱怨过，朝圣者对参观异国他乡除了圣地之外的一切更感兴趣。到15世纪，欧洲那些为了忏悔自己的罪过而被指派去朝圣的贵族养成了一个习惯，花钱让别人替自己去朝圣。在德国修女胡格贝克的记录中，和很多朝圣者一样，720年前后前往耶路撒冷的艾希施泰特的威利巴尔德主教也被指控从事间谍活动。不久之后，有个名为阿达尔贝尔图斯的小偷假扮成朝圣者前往一座修道院踩点，试图大肆洗劫一番。在他动手之前，他利用自己的伪装获得了他想要的各种免费食宿以及宗教服务。

说到这里，你还有最后一个旅行选项：

❀ 如何以强盗身份旅行

你这是作弊。

如何保持个人卫生

无论什么性别、什么肤色,无论是不是精灵,你和你的旅伴们必然有两大共同点:第一,赶路过程中,你们必然会满身脏污、一身臭汗;第二,你们都长了鼻子。

1638年,英国哲学家弗朗西斯·培根在一本名为《生与死的历史》(*The History of Life and Death*)的书中(这标题起得真合适)提出了一个调和上述两大共同点的办法。他告诉他的读者,用婴儿的血洗澡比从年轻人手臂上抽血喝更有益健康。但他补充说,人们(**据说**国王除外)往往会反对这种做法,因此,也许你,这位比较温柔的读者可以考虑直接在胸口上放点儿冰冰凉的东西算了。

培根虽然给出了这种建议,但并不反对用水洗澡,他只是建议洗完澡之后要立刻用混着草药的液体油脂涂抹全身。

也许你不该听一个名叫"培根"的男人鼓吹动物油脂对你的健康有多少益处。所以说,现在不是1638年真是太好了!中世纪的人们对清洁与健康之间的关系非常感兴趣。如果你要跟一百五十个天天划船的大老爷们儿在船上生活三个月,你也会同意这一点的,而且你绝对会想知道该如何保持清洁。

你现在就想知道。

论问题的严重性

"硕大的冰雹、被污染的雨水和雪花从肮脏的天空中倾泻而下,它们落到大地上,大地也开始发臭。"你以为这描述的是你在烧煤炭的伦敦的生活日常?不,这是但丁笔下的第三层地狱。

抱歉,辱伦敦了哈。

至于第七层地狱的入口,"在这里,由于那宽阔的深渊散发出大量臭气,我们躲到了一座巨大的坟墓背后"。这么看,这位《地狱篇》的叙述者,这位从地狱第八层下到最低的第九层时依然脚步不停、眼都不眨的勇士(只不过他搞错了受诅咒者的身份),虽然对地狱里的各种惨状和其带来的恐惧接受良好,但也会被臭味熏到必须找地方躲起来。

但地狱的臭味一般人是闻不到的。1087年,也许是想要提升自己城市的声望,一伙来自巴里的盗贼试图将圣尼古拉的遗体从米拉运到他们位于意大利半岛的故乡。但他们显然忘了,尸体散发出的"宜人"气味正是其神圣性的证明。圣人的遗体一旦离开坟墓就会散发出一种"香气"。这种"香气"是如此奇妙,以至于米拉城的人们将之视作天堂的香气。这个故事越传越离奇,在14世纪的版本中,人们即便在码头停靠的船上也能闻到圣人遗体的芬芳。

对这群小偷而言,这可不是什么好事,因为米拉城的人们同样意识到,他们之所以能闻到这种美妙的香气,是因为他们的宝贝圣人被人从坟里挖了出来,而挖坟的正是巴里城的这帮小偷。这下完了。圣尼古拉的例子说明了一件事:清洁不仅是仅次于虔诚的美德,更是虔诚的武器啊。

但你后悔自己没有带肥皂的原因并不仅是恶心。由于那时细菌理论还没有诞生,中世纪的医学认为疾病是通过不洁的空气传播的。因此,当你结束冒险,赢得一座城堡(可能还迎娶了一位公主)时,请学习一

如何屠龙:中世纪英雄冒险指南

下康斯坦茨的主教，（并没有迎娶公主的）奥托·冯·哈赫贝格三世，确保你的城堡里至少有一座非常独立的卫生间塔楼。

看在上帝的分儿上，注意一下个人卫生吧。

如何洗衣服

没错，你是准备好了对抗邪恶的行头，但你做好连续两天，甚至三天，穿着同一身衣服惩恶扬善的心理准备了吗？

考虑到你的村子有多穷，你可能并没有其他选择。税务豁免的资料表明，1338年，有一半的伦敦人可能拥有两套衣服（也许是至少两套，人们觉得两套这个数量听起来比较实际）。更富裕一些的城里人也不安全，入室盗窃犯特别喜欢偷衣服，因为人们常常为了保险把钱缝在衣服里。

所以，没错，你是得花点儿时间来洗衣服。在大多数情况下，洗衣服的基本原理在各个时代都是一样的，你要做的就是找到一处流动水源，然后开洗。对你来说，最大的问题是你需要亲自洗衣服，而且你还得有洗衣服的时间。也许你的村庄有一条不错的小溪、一口水源充沛的水井，或是在村子周围有一套花哨到让人吃惊的高级灌溉系统，但更大的镇子和城市在这方面还有别的问题需要担心。

1410—1419年，德国小镇罗伊特的上游有一座小小的女修道院。在这座修道院里，住着一位非常特别的活圣人。伊丽莎白·阿赫勒身上毫无来由地出现的圣伤非常显眼，而且会大量出血。因此，她的修女姐妹们每天都要把她的衣物和铺盖拿去溪边清洗。也许上帝喜欢她血淋淋的伤口，但罗伊特的居民们可不喜欢这些伤口带来的后续问题——他们的衣服在小溪里非但没洗干净，反而沾上了血渍。

尽管如此，如果洗衣服对你来说依然是个问题，你可以考虑邀请阿赫勒陪你一起上路。她在修道院的院子里找到了一个可以挖井的地方，从而帮助小镇居民解决了洗衣服的问题。想要战胜琐碎的家务，你需要的就是这种本事。

除此之外，你也许还需要那些帮她洗衣服的修女姐妹的帮助。

她们可是天天帮她洗衣服啊。

如何清洁牙齿

你嘴里大概还有牙。

在中世纪，蛀牙、牙齿脱落并没有你想象中那么普遍（到中世纪晚期，"蜂蜜蛋糕烘焙师"是巴伐利亚城市中的正经职业之一，不过你不用在意这个；有些医学文献建议用红酒清洁牙齿，不过你也不用在意这个）。但牙痛和牙龈脓肿带来的无尽痛苦无处不在。也就是说，中世纪的牙医总是有生意可做，而且他们多多少少掌握一些你需要的技能。

但你确实还有一些你不想拔掉的牙需要养护。面对这个问题，中世纪的人同样能给你帮助。中世纪医学中已经有了牙膏的基本概念。12世纪，一位意大利医生建议用核桃壳擦拭牙齿，一天三次。她（对，这位医生很可能是位女性）补充说，这样做不仅能清洁牙齿，还能让牙齿变得更白，并防止牙齿变黄。

到15世纪，清洁牙齿有了另一重目的，也让人们对牙膏的需求越发迫切起来：葡萄牙医生加布里埃尔·丰塞卡建议人们用粗糙的布料擦牙，然后撒上一堆好闻的香料，以消除口腔中导致疾病的不洁气体。更重要的是，这样做可以对抗口臭。

很可惜，你买不起香料。

很可惜，你的旅伴们也买不起香料。

如何清洁你自己

对中世纪的基督徒而言，不洗澡是圣人的特权。有体味说明这个人能够超越肉体的欲望（比如别让自己臭气熏天），专注于天堂的美好。但你可不是个圣人。补充一句：你的旅伴们对这一点非常高兴。

因为中世纪欧洲大部分的基督徒也都不是圣人，所以到中世纪晚期，古罗马公共浴室的传统迎来了一次复兴。不过，伊斯兰世界不需要这种复兴。由于保持清洁也是伊斯兰教戒律中的一条，所以许多穆斯林认为，修建新的浴室或是支持现有的浴室也算是一种慈善捐赠。

当然，浴场在多大程度上算是宗教机构还有待商榷。在伊比利亚，基督徒开设了按伊斯兰教法规经营的浴场，拉比[1]们在文章中不断指责犹太人与基督徒和穆斯林共用浴池。讽刺诗嘲笑人们走出浴场时比洗澡前还脏，因为他们身上沾染的不仅是汗和别人的污垢，还有同样肮脏的流言蜚语。阿拉伯旅行作家观察（或是杜撰）了遥远城市中富有异国风情的奢华浴场，将之视作一种娱乐，而绝非软宣传。有人声称，在巴格达有一座摩洛哥浴场，他们会给顾客发三条毛巾（好浪费啊！），但不发围腰（好裸体主义啊！）。

等等！那浴场能把人洗干净吗？洗澡的目的就是让自己变得干净，从象征意义和实际意义上去除污垢和恶臭，尽管对大多数人来说，实际意义更重要。12世纪的修道院院长兼预言家希尔德加德·冯·宾根甚至认为，天然温泉是由炼狱中燃烧的地下火加热的，因而可以净化沐浴者的灵魂和身体。

这大概不包括男女共用、不分浴池的那些浴场吧。

说到这个嘛……只能说随着梅毒的传播，16世纪的人们向政府施压，要求关闭西欧公共浴室的呼声越发高涨了。

---

1 犹太人中的一个特殊阶层，主要由有学问的学者构成。——编者注

❀ 最重要的清洁项目

想必你已经注意到了,阿拉伯(和其他所有地方的)旅行作家往往会夸大或捏造家乡与旅游目的地之间的差异。但无论你怎样怀疑他们描述的准确性,有一个事实是你不得不承认的:在夸大差异之前,他们首先必须得能设想出外国的情况。以9世纪的商人阿布·扎伊德·西拉菲为例,尽管他在很多作品中借鉴了很多前人的作品,但他在历史上的确存在。当谈及波斯和古代中国的差异时,他这样写道:"中国人在排便后不用水洗屁股,而是用纸擦。"

厕纸。阿布·扎伊德说的是厕纸。

所以情况就是这样。你需要洗衣服;你大概可以放弃在大多数时候都保持口气清新的想法了;一有机会就去澡堂洗澡是个好主意。但总结下来,最重要的决定是上完厕所用水清洗还是用纸清洁屁股。

毕竟说到底,一臀不净,何以净全身呢?

如何应对（必然会有的）
强盗袭击

那是1493年的炎炎盛夏，格罗瓦蒂兄弟帮怀恨在心。为了证明这一点，他们劫持了一整座城镇，把居民们当作人质。中世纪的强盗们可不是胡闹的。

但他们很想找你"胡闹"一场。

富裕的斯洛伐克小镇巴尔代约夫在这方面也不是吃素的。新的强盗团伙不断在小镇周边徘徊，城镇、村庄、公路、城堡都是他们骚扰的对象。鉴于波兰与匈牙利边境处于一种无政府状态，城镇往往只能自力更生对抗强盗，而这座小镇在这方面的确是"熟能生巧"。到1493年的夏天，巴尔代约夫已经抓获了格罗瓦蒂团伙中的四名成员，并对他们施以酷刑。其中一人被痛快地斩首，另外三人则被吊死在了绞刑架上。

费多尔·格罗瓦蒂很不高兴，尤其因为被处决的四人中有一个是他的兄弟，于是这伙强盗挟持了整个巴尔代约夫。"**交出四百枚金币，**"他们威胁道，"**否则我们就烧掉你们的镇子，把镇上的居民统统杀光。不光你们镇会遭殃，还有其他六个镇子也会倒霉。把钱送到这两座修道院中的任意一座，然后乖乖走人。**"

但巴尔代约夫并没有派人把四百枚弗罗林金币送到莫吉拉或莱西纳或任意一座修道院。实际上，这座小镇的统治者让别人掏了钱：恼怒的本地贵族雇用了民防团，将格罗瓦蒂的团伙赶到了波兰，而到了那边，更加恼火的科希策贵族不得不雇上一整队雇佣兵来消灭这帮传奇的强盗。

中世纪的强盗行为并不总是这么戏剧性,而且毫无浪漫可言。不仅身为受害者的你不会觉得浪漫,对"盗亦有道"的"绿林好汉"们来说也是如此。盗窃纱线、衣物甚至咸鱼(中世纪欧洲版的蛋白棒)都是人们遭到逮捕的理由。对偷盗者而言,这些东西绝非微不足道,他们即便冒着被绞死的风险,也想赚得贩卖纱线的那点儿蝇头小利,也要找点儿吃的来挨过漫长的冬天。对受害者们而言,这些东西当然也不会是毫无价值的。抢劫更不是什么小事,它很容易变成谋杀,毕竟在杀人越货这方面,光脚的可不怕穿鞋的。

在你的旅途中,你可能会穿越大片抢劫频发的地区。在那种地方,虽然强盗们流窜作案不能算是家常便饭,但如果真的遇上了强盗(你是个英雄,你肯定会遇上强盗的),你也不要太奇怪。在近东,穿越西奈沙漠的路线基本就是强盗们对前往耶路撒冷的富裕朝圣者们下手的围猎区。在整个欧洲,休战后突然被军队开除的士兵多少会被人认为是强盗预备役。1434年,勃艮第的六个农民抢劫并谋杀了两名退役士兵,他们给出的理由竟然是"他们有可能是强盗",而所有人都认为这一动机非常合理。关于花钱买回自己被盗财物的道德问题,犹太拉比们展开了激烈的辩论。而在1474年的波兰,一名祭司震惊地发现,他新买的赞美诗集和圣餐酒杯竟然是被人从另一座教堂里偷来的。

但有些时候,即便没有格罗瓦蒂兄弟帮的参与,强盗行为也的确很戏剧性。比方说,那几百个据说被请来抓捕格罗瓦蒂团伙的雇佣兵在花完那笔特殊的报酬之后,就需要找点儿其他门路来多赚点儿钱。或者看看"14世纪早期的英格兰"就够了,真的。忘掉那两座不知道有没有和强盗合作敲诈巴尔代约夫的修道院吧。在14世纪早期的英格兰,祭司以及牛津大学的兼职教授(确实是)罗伯特·伯纳德因为挪用了教区的资金而遭到开除。为了报复,他和一个著名不法团伙勾结到了一起。1328年,这个团伙中的几名强盗闯入了伯纳德以前负责的教堂,殴打了教堂里剩下的代理人,抢走了教堂最近收到的捐款。与此同时,伯纳德本人已经在另一个教区忙活了起来——忙着当祭司,也忙着偷这个教区的捐款。

14世纪初的英格兰还有威廉·切托顿爵士(对,他是个爵士)。他来自柴郡的巴丁顿与布鲁姆霍尔。1320年,人们指控他在阿克顿附近抢劫并袭击他人。为了弥补自己犯下的过错,切托顿参与了国王爱德华二世于1321—1325年发动的平叛战争。通过洗劫叛军的领地,他让自己和国王都大赚了一笔。1327年春天,他获得了王室赦免,免除了他在停止为国王服务之前犯下的一切罪行,但他随即被人指控犯下了六起谋杀案。在那之后的某个时候,他……史料并没有说清楚他后来究竟经历了什么,但他没有被抓住,因此被认定为逃犯。1332年春天,他还是去自首了,这大概是为了撤销他逃犯的案底,从而在夏天到来之前让他此前的罪行获得赦免。在此期间,他被指派去追捕其他强盗,但这项工作他只干了两个月整,就再度"喜提"抢劫罪和强奸罪的指控。别忘了,这位可是威廉·切托顿爵士。

也许你更喜欢罗伯特·英格拉姆爵士的故事。他加入了一个由强盗、造假者和如假包换的杀人犯组成的强盗团伙,但依然可以代表城市和地区参加议会,因为他是诺丁汉市的市长兼诺丁汉郡的治安官。

幸运的是,你不用时刻提防为了找乐子而抢劫的贵族,也不用时刻警惕公路上的亡命之徒。但不幸的是,你要知道,你每向前迈出一步,都有可能让自己踏入一片战场。

"抢光烧光"是中世纪非常普遍的一种战术。这种战术狡猾而残酷,因为敌方的土地被破坏后,他们的士兵就会因为没粮食吃而不得不去偷农民的食物（从而给他们的君主省下军粮钱）。这也是中世纪欧洲较大的王国（你大概知道，这里说的是法国、英国和德国）征服土地和巩固权力的标准手段。在没有海关和边防守卫的情况下，领主们建立了能连成网络的小型城堡，并定期派人出去洗劫扫荡。这不仅能让被打劫的受害者对他们俯首称臣，还能打消其他领主的侵吞之心。

可不要以为城镇都是清白的。邻近城镇曾多次请求巴尔代约夫的镇议会归还被盗窃的马匹。1456年，巴尔代约夫"逮捕"了两名贵族和两名市民，用他们敲诈到了一笔不菲的赎金。1479年，匈牙利国王亲自出面，要求巴尔代约夫为其民兵犯下的罪行付出代价。

事实证明，巴尔代约夫这个镇子在这方面着实太懂行了。

总结一下：想要避开强盗，你需要避开道路、森林、沙漠、各个郡、各大城市以及各个王国。幸好你穿了盔甲。

如何穿越被诅咒的沼泽

在这个问题上,你的优势很明显——想要学会穿越被诅咒的沼泽,你不需要报名任何特殊的课程。基本用品你已经有了:没有破洞的过膝长靴、宽檐朝圣帽还有一位驱魔师。你只需要知道你会面对什么就够了。

但缺点在于,想要学会穿越被诅咒的沼泽,你并不需要研究被诅咒的沼泽。对,这的确是个缺点,我的朋友,欢迎来到中世纪晚期厕所的奇妙世界。

⚜ 公共厕所

没错,中世纪真的有公共厕所。有些公共厕所甚至还有名字呢!

如果你在1470年前后来到英国的埃克塞特,你可以去参观一下"小精灵之家"。和把同类建筑称作"长房子"的伦敦人相比,埃克塞特人显然更懂讽刺的艺术。但换个角度看,伦敦人的公厕建筑条件更好,他们的"长房子"有128个隔间(对,是货真价实的隔间)。除此之外,伦敦人还可以在散布于全市各个角落的公共厕所中挑选他们最喜欢的一间光顾。伦敦人对厕所是真的很上心。

你也许会大吃一惊地发现,在城市里使用公共厕所的体验跟在你家后院上厕所其实没什么两样,都是坐在木质或石质长凳上,对着下面的一个洞方便。便后清理需要自食其力,而便坑和下方水沟或粪坑之间的距离就相当于现代人的冲水系统。不过从好的方面看,起码妇女们可以在这样的厕所里随意丢弃生理卫生用品,根本不用担心堵塞下水道!

人们使用公共厕所的理由五花八门,甚至可能是因为同辈间的压力。"当街尿尿"成了一句骂人话,或是(富人口中)一种只有穷人才会做的不文明行为,而维护公共厕所则需要更多的集体努力。说到底,维护厕所最好的办法就是说服富人,让他们相信捐款维护厕所是一件很棒的事情,应该写进他们的遗嘱里。

私人厕所

如果把私人厕所的好处逐一列出来,那这条长长的清单可以从厕所塔楼顶端一直垂到地上的粪坑里:不用忍受其他的"顾客",不用担心冬天的严寒,不用应付苏格兰的恶劣天气,不用担心在深夜往返公共厕所的途中被抢劫……尽管几乎只有买得起院子、修得了屋外厕所的人才能享受私人厕所,但对拥有者(以及免于被人泼一头屎尿的过路人)而言,私人厕所绝对是个伟大的东西,至少大部分情况下是这样。

无论是拥有的还是租用的私人厕所,这个厕所下方必然要有一个粪坑。有了粪坑之后,这个粪坑必然会散发出臭味,所以还有一个必然的事实是,粪坑并不能彻底解决排泄物的处理问题,它只是在帮人拖延。

最典型的解决方案是效仿公共厕所的做法,掏钱雇(如果你是在15世纪的纽伦堡,市政府会用你缴的税替你雇)专业的厕所清洁工。他们的工资很高,足以补偿这项工作带来的风险和社会偏见。更重要的是,这份高薪还能保证他们认真工作。

这说明了什么?说明要想解除在处理排泄物方面的诅咒,缴税几乎是最简单的办法。

如果你足够幸运，把厕所修到了小溪或是下水道上方，那么这种简易的废物处理应该有助于消除气味。但即便如此，你依然有邻居。下游倾倒的大量排泄物有可能堵住整条水道，让你的厕所变成一座屎尿喷泉。

不过请记住，坏邻居就是坏邻居，他们并不是诅咒。

还有最后一件事。和市政府以及公厕的个人捐赠者一样，你要花钱对私人厕所进行维护，保持它的良好状态，个中缘由理查德·勒·拉齐尔会告诉你的。1326年8月10日，毫不知情的他正坐在"马桶"上方便，身下腐坏的木板却终于被他压垮了。他"咚"的一声掉进了下水道里。

嗯，这好像有那么点儿诅咒的意思了……

便壶

好吧，也许理查德本人不会这样想，但严格来看，让他如此倒霉的是他自己的懒惰，而不是什么真正的诅咒。所以下面我们重点看看"沼泽"这部分。

使用公共厕所，你就要应付恶劣的天气、诸多的不便，以及和你一起上厕所的其他人，所以你选择了私人厕所。但私人厕所很贵，所以你选择了用便壶。选择了用便壶，你就要倒便壶。你要倒便壶，那就得倒到窗外去。

如果你决定扮作朝圣者旅行，可千万千万别忘了戴你的宽檐帽。

下水道

中世纪的工程师们非常擅长水力方面的设计。他们能为适应也门、埃及、德国、西班牙的不同气候而分别定制灌溉系统吗？小菜一碟。他们能在英国南安普顿修建一套可以从1420年一直用到1800年的城市供水管道系统吗？马上就来。"在供水方面表现如此出色的一群人应该也很注重排污吧。"你肯定会这样顺理成章地想，而他们真的重视了！但结果嘛……来，中世纪，拿好这朵小红花，给你发个鼓励奖吧。

中世纪，修建正经下水道的技术是真真切切地存在的，而且被运用得非常好。我们只以英格兰为例，约克有一座修道院修建了一条石砌的地下下水道，通向附近的河流。到1300年，威斯敏斯特宫已经建成了多条地下下水道。但对自己的公共厕所网络深感自豪的伦敦又有多少下水道呢？屈指可数。

换一个角度看，伦敦拒绝修建下水道自有其苦衷。市政下水道并不适合公用，因为这些下水道无论是容量还是流速都不可能满足城市中大量人口的日常需求。但市民们还是把市政下水道当公共下水道用了。至于最终的画面嘛，和你想的一样，非常有"沼气"。

但是我们还有更多的策略可以尝试！可千万不能让"沼泽"成真啊！

到中世纪晚期，许多城市在道路两旁开挖排水沟，为流经"幸运厕所"下方的"天然水流"改道，让它们在建筑物之间迂回流淌，最终将污水排入附近的河流或湖泊中。但到了这一步，城市再次陷入两难处境之中：是在水沟上方修建石拱顶，从而避免暴露在外的污水在人们的院子里和建筑物下方肆意奔流，还是保持水沟无遮盖的状态，利用它们引流雨水、融化的积雪以及涨出的河水，顺便改善一下人们乱倒便壶的问题呢？

中世纪，看在你这么努力的分儿上，给你打个"优"吧。你确实没有让"沼泽"从比喻变成现实，虽然很勉强，但你确实做到了。而刚刚我们已经讲得很清楚了，"诅咒"这部分也不过是个比喻。所以今天我们有关"被诅咒的沼泽"的学习就到此为——

❀ 鬼魂

生活在5世纪的罗马的帕斯卡修斯是一名执事,也是一个公认的好人。不幸的是,498年,他支持了错误的教皇候选人,而且一直没有请求上帝宽恕自己的立场。所以,如果你有机会前往卡普亚的澡堂,也许直到今天还有机会看见他的鬼魂被困在自己的炼狱中,举着一条毛巾要为你服务。

如果你直接避开了卡普亚,选择前往更靠南的陶里亚纳,那倒是不用担心澡堂或是厕所里会忽然冒出一个执事的鬼魂,不过这里有好几个服务员倒像是已经在这里工作了一辈子。有一次,你带了几件珍贵的宗教圣物,想要作为对他们服务的额外奖励,但其中一个人却拒绝了。他解释说,只有活在上帝恩典中的人才能触摸这些圣物,但他既不受上帝恩典,也没在活着。

有些时候,连祈祷都救不了你。有一天,一位年轻的方济各会修士为上帝的力量深深折服,以至于他上厕所时都要继续祈祷和赞美上帝。正当他准备靠墙坐下方便时,不知道从哪里钻出了一个魔鬼。"你不能在这儿祈祷,"魔鬼说,"污秽之地是我的领地。"

所以总结一下:沼泽可能是假的,但诅咒确实是真的。

如何与魔法森林交朋友

当湖中女妖用法术永远地困住梅林时,她也许正坐在一棵树下;也许她在永远困住梅林的法术中用了一棵树;也许她直接把梅林困在了一棵树里,让他永世不得超生。但无论如何,各个版本的亚瑟王传奇在一件事上达成了共识:哪怕你是世界上最著名的巫师,你也不该踏入魔法森林一步。

这个传说对你来说是个大问题,因为此时此刻,你正和一位苏丹在他心爱的度假宫殿的花园里一边晒太阳一边散步,而你走进了一片由椰枣树与棕榈树组成的树林。

但这些树是用金子、银子和紫铜打造的,树上的无花果是宝石做的。树上的棕榈叶是真的,但被插在了会喷水的假树枝上。金银做成的鸟栖息在枝叶间,在阳光下熠熠生辉。这些人造鸟儿张开人造的尖喙,发出与真鸟别无二致的啁啾声,而后又合上了嘴。其他闪亮的金属鸟啄食着同一块闪亮的宝石水果,一遍又一遍。

是机器人。你身处一片机械森林里。

中世纪刚刚升级了。要想跟这片特殊的魔法森林交朋友,你需要掌握一整套全新的技能。

ꕤ 策略一:认真欣赏

你越往深处走,空气中就越像是有魔法在闪烁。在森林外围,长颈鹿与大象自树后与林中空地向你投来窥探的目光,即便是狮子也不敢向你多迈近一步。在你此刻所在之处,阳光照耀着数百棵棕榈树上闪烁着金光的树叶,棕榈树上结满了让你有品尝欲望的多汁椰枣与成熟橘子。但再向深处走去,你身边的树长出了金色与银色的枝条,枝上的叶片在并不存在的微风中轻轻摇晃。空气中传来的并不是风声,而是枝头上金银鸟儿们发出的阵阵啁啾声。

最后,你进入了森林的中心,最为壮观的一幕映入你的眼帘:一棵枝繁叶茂的大树拔地而起,闪闪发光的金属鸟儿在树枝间跳跃。哪怕是眼前的一池春水似乎也带着魔力,散发出玫瑰与麝香的香气。笑一个吧!欢迎来到……阿拔斯王朝哈里发穆克塔迪尔一世的王座大厅。

你,更确切地说,是每一个来到这座宫殿的访客看到的那些动物都是真的,享用的水果也都是真的,但那些金色的鸟、银色的树、香气袅袅的泉水和飘动的树叶都是机械装置。

千万不要忘了,是精巧的人类技艺赋予了它们生命。无论是齿轮的每一次转动,还是液压与气动装置发出的每一声"嘶嘶"声,都无不在向哈里发的对手们昭示这位君主拥有的财富、权力以及对世界运行的掌控。

这个策略非常奏效。917年及918年,曾经的拜占庭海军上将罗曼努斯·利卡潘努斯两次率领外交使团前往穆克塔迪尔的宫廷,他显然也见到了宫殿中这片游乐花园。他不仅亲眼见到了,还想让世人都见见。访问期间,罗曼努斯计划着回君士坦丁堡发动一场无声政变(在君士坦丁堡的人都会发动政变)。刚一回国,他便直接成功夺权。但不知为何,他还是抽出了时间,对穆克塔迪尔的宫殿详细地描述了一番。真是一片有魔法的森林啊。

策略二：积极扩建

强大的拜占庭帝国自然不甘屈居人后。忘了会动的王座大厅吧，拜占庭人做了一个会动的王座。

最终，曾被罗曼努斯贬作无名鼠辈的那位皇帝罢免并放逐了他（我们君士坦丁堡就是这样的）。但是，从919年发动政变到944年遭遇政变的这段时间里，罗曼努斯找到了一批工程师，帮助他重现甚至超越了他在穆克塔迪尔的宫廷中所见的一切。罗曼努斯"离开"君士坦丁堡之后不久，这座城市迎来了一位意大利大使。在皇宫王座大厅里迎接他的是一棵青铜树，青铜制成的小鸟栖息在枝头唱着歌。这棵树（显然）并不是从地里长出来的，但宝座的两侧立着黄金狮子和青铜狮子，吼叫时，它们会像真狮子一样张开嘴巴，并用尾巴拍打地面。歌唱着的鸟儿装饰着宝座的顶端，而且这个宝座还会动。

当外国来客第一次见到皇帝时，坐在宝座上的皇帝基本平视来客，这时的宝座只是略微升高一些，以展示一种适当的优越感。但当大使完成标准的跪拜礼，俯首触及地面以示尊敬后起身时，皇帝就会高高地坐在他的头顶上，仿佛宝座在空中飞翔。

对了，为了确保访客在皇帝面前心怀敬佩与谦卑，等到大使准备离开时，宝座旁边的狮子会站起来，然后又蹲下。宝座上的鸟儿会停止歌唱，但整个大殿里会忽然响起音乐，仿佛有一整个管弦乐团在演奏。

还是那句话，这就是中世纪的机器人。

策略三：大肆宣传

为什么要坐等大使上门来感受震撼呢？对中世纪的穆斯林统治者而言，他们几乎已经养成了向他们的西欧同行赠送木头与金属制成的自动装置工艺品的习惯。而在这时的西欧人眼中，这种栩栩如生的自动装置还不过是诗人的痴人说梦。807年，阿拔斯王朝的一位哈里发赠给了神圣罗马帝国皇帝一座水钟，准确地说，是一座**报时**水钟，而西方拉丁世界还得**等**将近五百年才能研发出类似的技术。每到整点，便会有对应数量的铜球落入盆中，撞击出响亮的报时声。同时，作为一种比较安静的报时方法，水钟上还会出现对应数量的骑马小人，之后他们又会藏回钟内。这是赤裸裸的炫耀啊。

让我们把时间快进到1232年。那一年，阿尤布王朝的一位苏丹赠给了神圣罗马帝国皇帝腓特烈二世一座钟。这座钟可对水之类的俗套原始物质不感兴趣，它需要一顶单独的帐篷来存放——但考虑到人们都已经叫它"星象仪"了，给它准备一顶帐篷似乎也没有听起来那么浮夸。这座钟上出现了整个宇宙，太阳模型的环形轨迹标明了属于白天的时间，而月亮模型的环形轨迹则标明了属于夜晚的时间。

作为回礼，腓特烈二世回赠了对方一头白熊和一只孔雀。

策略四：悉心维护

那次外交赠礼的半个世纪之后，西欧人终于学会了自己建造自动机械。1302年，阿图瓦与勃艮第的玛蒂尔达伯爵夫人继承了一座豪华的花园。这座花园将自然与机械天衣无缝地融合在了一起。花园里有活生生的真鸟，也有机械鸟。一条小河慵懒地在花园中流淌，并为几座喷泉提供动力。河上横架着一座桥，桥上装饰着包裹着毛皮而且会动的机械猴子。在这座洒满阳光的花园里，人们可以在诸多奇观中用餐。但当玛蒂尔达接手这座花园的时候，这座园子里的一切已经在散架的边缘"试探"了。

于是玛蒂尔达开始着手维修。重要的是，她有足够多的钱支持她维修。在接手这座园子仅两年之后，桥上那些猴子的皮毛看起来就又像是新的一样了。那些喷泉虽然难逃损坏的命运，但修理过后又可以喷水了。到1314年，她园中的金属鸟儿们身上都厚厚地镀上了一层崭新而闪亮的真金。自然的声音与人造的乐声在空气中和谐地融为一体。

当然，自动机械依然是政治操纵和装腔作势的象征。但玛蒂尔达在这座特殊的宫殿里待的时间越来越多，她惊叹于它的奇妙，并按照自己的爱好改造它。

比如她让手下的工匠在修理机械猴子时给它们的脑袋安上角，好让它们看起来更像魔鬼。这个爱好真是别致呢……

❦ 策略……？

即使你对魔法森林毫无钦佩之情、没钱扩建它、不去宣传它、不想维护它，也千万不要干下面这样的事情（不，我说的不是把猴子改造成魔鬼那种事）。

1453年，奥斯曼帝国干掉了拜占庭帝国，并于1529年围攻了维也纳，然后，他们……停手了。作为交换，神圣罗马帝国（以下简称"德意志人"）不得不向奥斯曼帝国（以下简称"奥斯曼人"）支付贿赂（以下简称"贡品"），好让他们继续按兵不动。每一年，德意志人都会送去一些自动机械，抵掉部分贡品，而奥斯曼人则不厌其烦地把它们大卸八块，拆出有用的零部件，然后熔掉没用的部分，提取其中的贵金属。

几年后，德意志人开始在往君士坦丁堡送自动机械的同时附赠一名钟表匠，以确保机械能够正常工作。德意志人不停地送来可以正常运转的机械装置，而不出他们所料，奥斯曼人也一如既往地拆解熔化它们。在奥斯曼人看来，人类制造的这些自动装置是对唯一真主伟力的僭越，它们的存在本身就是对真主的亵渎。

于是双方开始了教科书级别的消极抵抗：德意志人不停送出自动机

械，而奥斯曼人则不停销毁它们。那些魔力、奇迹与惊奇，最终都在双方无声的较量中消亡殆尽，归于沉寂。不断送出与销毁前现代时期的机器人，这可真是最傲慢的外交武器了。

　　严格来说，这些自动机械的确避免了两个国家兵戎相见的场面，它们只是把敌对双方都气得火冒三丈罢了。不，别想了，发起一场前现代版的冷战可不是和魔法森林交朋友的正确方式。

如何穿越不毛之地

如果说勃艮第的菲利普公爵（1396—1467年）在百年战争中背叛了各个盟友，最终还能落得"好人菲利普"的名号，那么还有什么让他更喜欢的事呢？那就是十字军东征了。尽管公认的十字军东征早在他出生前好几个世纪就结束了，但菲利普公爵可是个大梦想家。他以十字军为偶像，渴望自己也能领导一场十字军东征，他甚至给自己的十字军誓言起了一个响亮的名字：雉鸡之誓。

因此，当菲利普需要派侦察员前往耶路撒冷"收集情报"时，他选择了世界王牌间谍伯特兰东·德·拉·布罗基耶尔（死于1459年）。因此，作为向导的最佳人选，伯特兰东不仅能带你了解不毛之地，还能在你面对不毛之地那些坚强、狡猾而睿智的土著时助你一臂之力，教你如何取得胜利。

伯特兰东知道，前往近东有一条路可走：穿过地中海，然后穿越贫瘠的西奈沙漠。他还知道，有两条路可以回家：第一条是原路返回，穿过地中海；第二条则是北上叙利亚，穿过广袤的安纳托利亚腹地，再穿过巴尔干半岛。无数人一次次告诉伯特兰东，这条陆路是死路一条，你大可以尝试一千次，保证你每次都有去无回。但伯特兰东不信邪，他偏要试第一千零一次，而且他决心要活着回来。

回到勃艮第后，他撰写了一部详尽的游记，并制作了多本手抄副本。因此，年轻的英雄，我建议你找上一本他的《海外远航》(Le voyage d'outremer)，开始学习征服沙漠与荒原上的沙尘暴的秘诀。

🪷 1. 带上钱

想穿越沙漠？那你要做的第一件事就是买或者租一匹骆驼，这会让你的旅途更加舒适。你要做的第二件事是雇一个向导，他的商队可以在遭遇强盗时保护你，也可以防止你迷路。你要做的第三件事是对着你的骆驼叹气，因为你的向导非要你从他那里买或者租一头驴，你要是不买不租，他就不给你带路。

机智的伯特兰东解释说，他通过向加沙的总督申诉，成功避免了这种命运，而总督在做决定时自然站在了他这一边。但后来，为了弥补自己没带够盘缠的问题，伯特兰东把酒卖给了当地的一名穆斯林，可法律不允许这名穆斯林从别人那里买酒。这并不是什么稀罕事，但先前给他当向导的那个商队领袖抓住了这个机会，借机把伯特兰东投入了大牢。不过这一次救了伯特兰东一命的并不是他自己，而是一名信仰基督教的奴隶贩子。

这个故事说明了什么？要带上足够的钱，不然奴隶贩子就要成为这片不毛之地的英雄了。

🪷 2. 把钱藏好

在收集情报的整个过程中，伯特兰东一直非常小心地把钱藏在衣服里，甚至缝进衣服里（看到他这个策略，你大概就会理解为什么在15到16世纪的纽伦堡，可能还有其他中世纪城市，会有那么多的抢劫受害者被扒得精光）。在大马士革城外的赛尔德奈修道院，这一招可帮了他大忙。伯特兰东走进这座修道院，观赏传说中会流出油脂的圣母像。

突然间，一个女人扑了过来，试图往伯特兰东身上涂抹油膏，她说那是圣母像流出的油。伯特兰东努力挣脱了出来，不给她扒窃自己的机会，也避免了自己因为刚刚那次暴力涂油而被敲诈一笔"捐款"。

千万别让自己的钱包真的变成"不毛之地"。

3. 伪装自己

无论什么时候伯特兰东的本地朋友（大概是那些收了他不少钱的向导）递给他一套衣服，他都会毫不犹豫地穿上。比如在从大马士革前往布尔萨的路上，他就经历了惊魂一刻。伯特兰东临时加入了一支前往麦加的商队，而对基督徒来说，这可不是什么好主意。他的向导灵机一动，让伯特兰东套上白色长袍，下穿深色裤子，头戴头巾，腰系亚麻腰带——这是当地奴隶的典型装束，这身衣服也让他顺利蒙混过关。

伯特兰东能定期换衣服这件事确实提出了两个重要问题：你要给自己带多少套衣服出门？在荒野中要怎么洗衣服？不知道为什么，伯特兰东的这本书并没有回答这两个问题。

4. 研究他们的堡垒

鉴于"不毛之地"并不是真的"不毛"，你应该跟随伯特兰东的脚步，仔细观察并描述各种堡垒，有没有人住的都算。例如，在战略重地大马士革附近就有一座小城堡，这座小城堡建在了山坡上，周围还有护城河环绕。

而在大马士革城里，有一座石头砌成的驿站。那里有着几百年的历史，曾是当地一个名叫贝尔托克的富人的私宅。1400年，神勇的蒙古统治者帖木儿征服大马士革时，几乎彻底摧毁了整座城市，唯独留下了这座驿站，甚至还在驿站附近安排了卫兵值守，以防驿站失火或遭到抢劫。显然，当地人并没有对帖木儿突如其来的手下留情给出解释，不过也许是因为这座驿站太美了，毕竟伯特兰东都对驿站外面石墙上雕刻的鸢尾花装饰着重描述了一番。

呃，伯特兰东收集情报时的关注点是不是……有那么一点儿……不太对劲啊？但不管怎么说，你要认真注意沿途的情况，也可以稍微留心一下他写《海外远航》的目的。

5. 掌握当地的武器装备

随着火药大炮渐渐在西欧的战争中普及开来，西欧各国之间在枪炮制造方面也开始了竞争。作为一名合格的间谍，伯特兰东不仅掌握了土耳其的军工技术，还确保他的雇主也能复刻这些尖端科技。

在贝鲁特，伯特兰东目睹了一场在日落时分举行的盛宴。这场宴会上有歌声、有哭声，还有大炮，它们射出的炮弹在天空中留下了一道道燃烧般的痕迹。伯特兰东推测出了用这些大炮杀人或吓马的各种方式（很别致的关注点），并且认为自己值得冒险并花钱学习制造它们。他贿赂了首席大炮工匠，让他透露制造大炮所需的原料和大炮的构造。伯特兰东成功拿到了原材料以及制造炮弹必需的木质模具。他在书中自豪地宣称他将这些东西带回了法国。

但他在书里并没有自豪地宣称他是如何将这些模具从贝鲁特带到大马士革，北上穿过整个叙利亚，横跨安纳托利亚抵达君士坦丁堡，跨过巴尔干半岛抵达维也纳，再从维也纳出发，穿过神圣罗马帝国送到法国国王面前的。事实上，在他后来的财产和衣物目录中，这些模具再也没有出现过。

当然，在谈到武器装备时，比起实际的武器，伯特兰东似乎对华丽的辞藻更感兴趣。他的关注点显然不是世界王牌间谍该有的关注点。但你都踏上成为英雄的冒险之旅了,遇见一些值得怀疑的事也很正常。

✤ 6. 放大戏剧冲突

尽管在一般的修道院里停留有破财的风险,在西奈半岛中部的修道院里停留还会有特殊的危险,勇敢的伯特兰东依然坚持要去参观圣凯瑟琳修道院。《海外远航》略过了这一路上无聊透顶的两天。忽然间,一只一米长的野生动物不知道从哪里跳了出来!当地向导失声尖叫了起来,但那只动物却一溜烟地跑走了,躲到了一块石头的后面。那是一只蜥蜴。伯特兰东和他的两位同伴,即安德鲁·德·图隆容与彼埃尔·德·沃特莱翻身下车,这两位法国骑士挥舞着宝剑,开始追赶那只动物。这只动物虽然差不多只有人的手掌高,但别忘了,它有整整一米长。它发出了惊恐的叫声,"就像一只猫看见狗慢慢逼近时一样",但它依然非常吓人,你懂吧。[1]骑士们击打着它的背部,但无济于事,它的鳞片就像盔甲一样坚硬!

但不知怎的,安德鲁爵士用他的剑找到了这只动物的弱点,把它挑翻了过来。他勇猛地刺向了它,总算杀死了这只沙漠里的可怕怪物。

直到战斗结束,伯特兰东才提了一嘴,其实他们的旅行队伍并没有遭遇真正的危险,只是阿拉伯人害怕了,而欧洲人很镇定而已。

这段故事里有动作戏,有戏剧悬念,还有正义大获全胜的结局。通过杀死一只受惊的动物,它突显了故事中有名有姓的三名西方基督徒的英勇气概,也体现了面目模糊的东方穆斯林普遍具有的懦弱。

这么一看,伯特兰东的"间谍报告"好像还有人物和情节呢。你是不是开始怀疑这书其实根本没用了?

---

1 Bertrandon de la Brocquiere, *Le Voyage d' Outremer de Bertrandon de la Broquière*, ed. C. H. Schefer (E. Leroux, 1892), 22.

7. 增加一个女性代表角色

你什么意思？你觉得"女性角色太少"是个问题吗？赛尔德奈修道院里那个骗子明显是个女人嘛。

不过，直到伯特兰东快穿越整个土耳其，他才第一次提到（而且只是随口一提）有个女人在跟着他们的小队一起旅行。霍亚尔巴拉赫的妻子收到了一封信，信中说她的父亲去世了。得知此事后，她哭得梨花带雨。除此之外，据那些天天盯着她看的男人说，她长得非常漂亮。

你觉得这还不足以让她看起来像是一个真实存在的女人吗？伯特兰东可给这个角色安排了非常丰富的内心戏呢。

但是，我们的作者也急忙指出，在安纳托利亚高原上一片与世隔绝的山区中，有一个由大约三万名妇女组成的部落。她们和男人做一样的打扮，像男人一样挥舞着剑，在战争时期像男人一样战斗。看到了吗？不毛之地上不光有女人，还有女强人呢。

也许《海外远航》确实是有情节的。

8. 炫耀你打造的世界

但有些时候，当作者想要在真正重要的事情上抒发诗意时，情节设定也得靠边让道："（安条克的）山羊几乎通体雪白，是我见过的最漂亮的羊。它们不像叙利亚的山羊一样耷拉着耳朵。它们的羊毛非常柔软，有一定长度，而且是卷曲的。这里的羊尾巴厚而宽。（当地人）还驯化并喂养野驴，这些野驴的毛发、耳朵和脑袋都很像雄鹿，而且和雄鹿一样有偶蹄……它们高大俊美，和其他动物很合得来。"[1]

因为要在贫瘠的土地上跋涉生存，你需要对牲畜做些深入了解。

---

[1] Bertrandon de la Brocquiere, *Le Voyage d' Outremer de Bertrandon de la Broquière*, ed. C. H. Schefer (E. Leroux, 1892), 85–86.

有关《海外远航》这本书本身的问题已经在你脑海内转了许久，你现在终于有了答案：伯特兰东的书并不是一份间谍报告，而是《十字军东征的黄昏卷三：土耳其人之刃》。

但伯特兰东为什么不能写一部幻想冒险故事呢？他的旅行在1432年开始，那时，领导十字军东征是菲利普公爵的梦想，所以他的确向菲利普递交了一份报告。但《海外远航》成书于15世纪50年代，到那会儿，十字军东征已经成了菲利普公爵的幻想。公爵的"雉鸟之誓"只不过是又一个遵循以鸟之名起誓的传统立下的誓言。这个文学传统有着悠久的历史，可以从一代代的骑士传奇小说一路追溯到法国早期有关亚瑟王与圆桌骑士们的传说。1455年的菲利普想要一部面向读者的传奇小说，而伯特兰东不过是满足了他的要求。

通过《海外远航》，伯特兰东的确证明了自己是世界王牌间谍（当然，也是你的最佳榜样）。他把自己作为故事主角，把穿越西奈半岛与安纳托利亚高原的冒险故事集中在了同一个人身上，而没有为一整支东征大军提供建议。他的夸张描写甚至也能帮上你的忙，毕竟准备过度总比准备不足好。

因此，如果你确实要穿越一片不毛之地，请放下你的剑，抓起一本《十字军东征的黄昏卷四：山羊时代》好好学习一下。

如何屠龙：中世纪英雄冒险指南

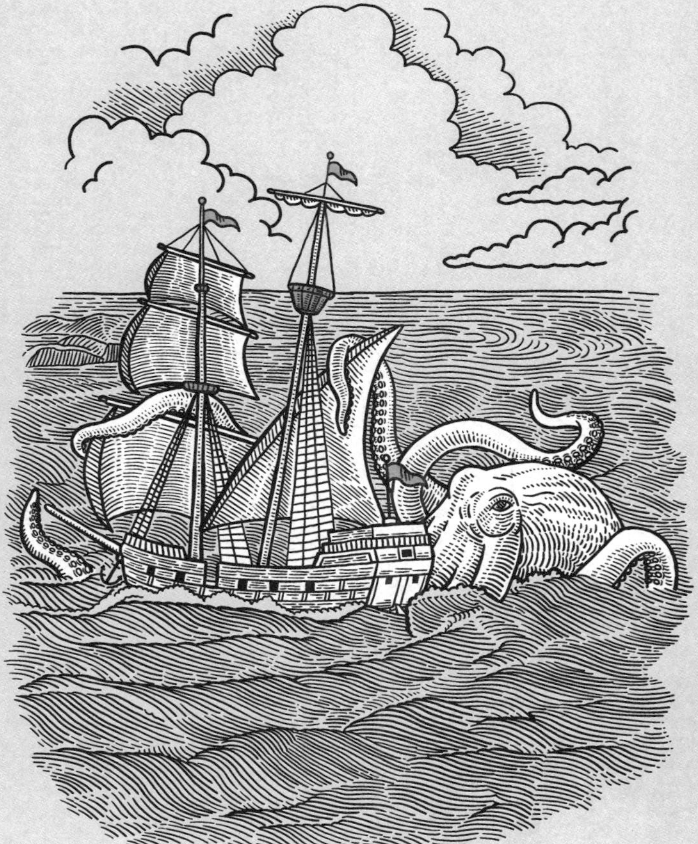

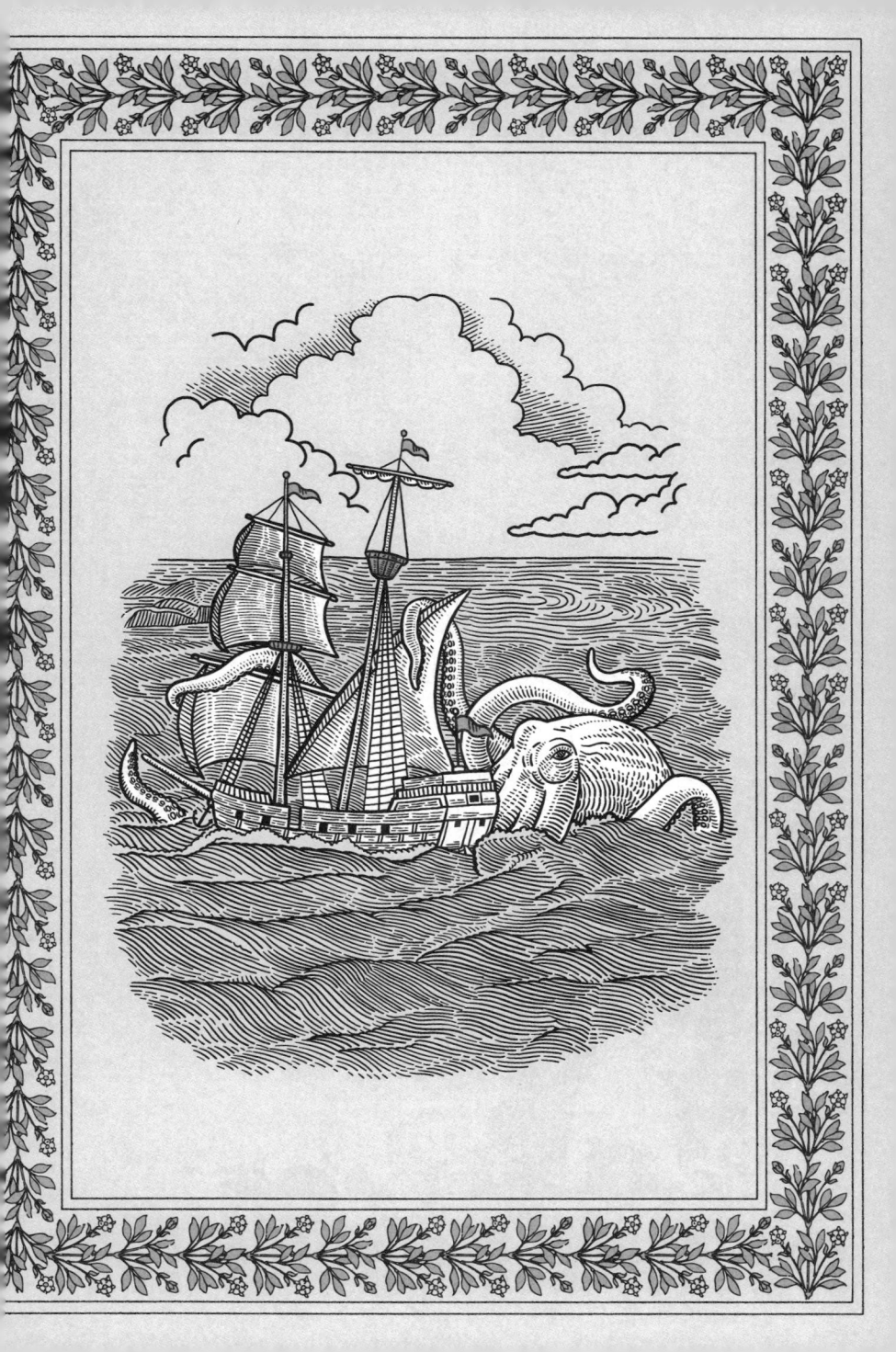

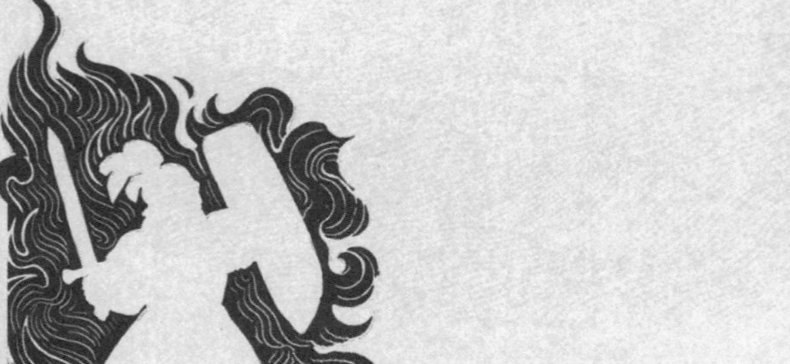

沿途险境

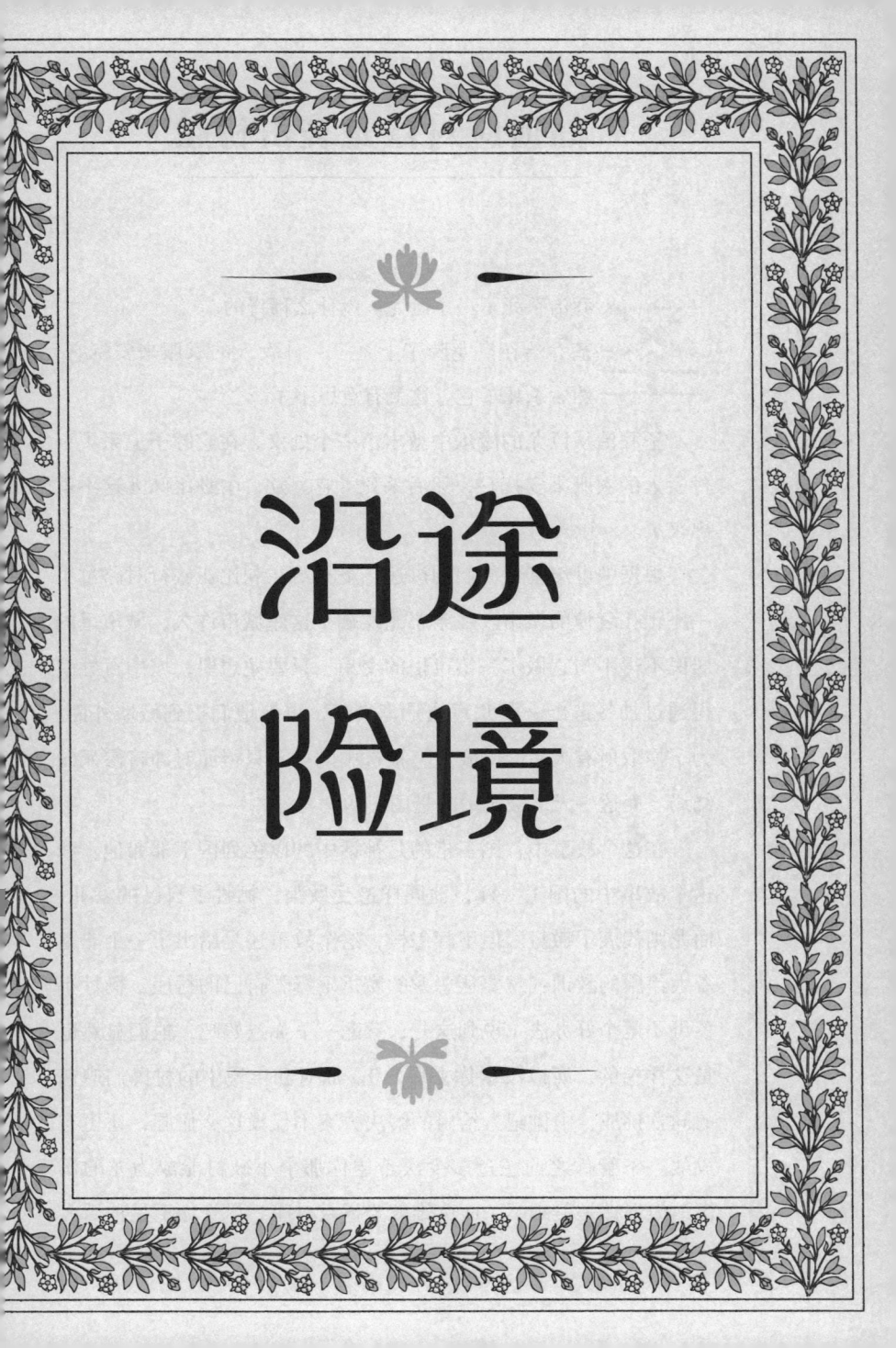

如何应对巨龙袭击村庄

圣乔治杀死了一条巨龙。没什么稀奇的。
圣乔治在巨龙脖子上系了一件女人的衣服来安抚它，然后杀死了它。这就有意思多了。

圣乔治从巨龙的魔爪中救出了一个处女，在它脖子上系了一件女人的衣服来安抚它，然后杀死了它。欸，**中世纪味儿**这不就出来了。

根据中世纪基督徒们的讲述，圣乔治在利比亚旅行时路过了一座正在哀悼的城市。一条恶龙蹂躏了这座城市许久，城市里的居民不得不与它做了一笔可怕的交易。只要龙想要，城中百姓就得通过抽签选出一个儿童或是青少年，再把他们扔到城墙外面。为了换取所有人暂时的安全，被选中的孩子只得面对即将惨死的结局。而这一天，被选中的是国王的女儿。

在这个故事中，国王指的是神话中的以色列国王耶弗他。和这个故事中的国王一样，他同样遭受欺骗，牺牲了自己的女儿，而龙则代表了撒旦。但不管怎样，这个故事还是给出了一个非常令人信服的教训：想要从恶龙的魔爪下拯救自己的村庄，牺牲小孩可不是个好办法（说到这儿，感谢一下你爸妈吧，他们显然也是这样想的，所以没拿你去喂龙）。面对和传说中的村民们遭遇的同款挑战，中世纪人给出的解决方案不仅没这么血腥，还更有成效。不管你之前想过多少次希望你那个小破村能成为龙的诱饵，你现在是英雄了，而英雄就要**拯救**村庄。尽管你不是神话人物,也不是乔治那样的圣人,但找传说中的村民们取取经,学习一下如何应对天空中突然出现的恶龙总是有用的。

第一课:不要被杀

第二课:不要惊慌

还记得《贝奥武夫》(*Beowulf*)吗?

在这首古英语史诗中,贝奥武夫必须面对并击败三个怪物。第一个是格伦戴尔。他之所以袭击希奥罗特大殿,也就是贝奥武夫临时的栖身之所,是因为将他驱逐在外的人类世界依然深深吸引着他,但这并不是贝奥武夫的错。第二个前来袭击的是格伦戴尔的母亲,因为贝奥武夫杀死了她的孩子。严格来讲,这的确是贝奥武夫的错,但他杀死格伦戴尔也只是为了自卫。

和《贝奥武夫》中的前两个怪物一样,最后出场的这条龙本来也只是过着自己的小日子,直到有人闯进它的家,还偷走了它最宝贵的藏品之一。因此,除非你是个贪婪的小偷,否则龙大概是不会主动袭击你们村的。

第三课:做好防护

画重点:中世纪的龙杀人靠的不是喷火,而是毒液。它们会同时向四面八方喷出浓浓的致命烟雾。

这是个好消息。

当然了,灭火确实很简单,最直接的解决方案就是拿好几桶水一起泼。但简单并不等于容易,特别是如果需要发动整个街区乃至整座城市的人共同帮忙打水灭火才有胜算时,那这可就一点儿都不简单了。但是，如果你需要对付的是巨型蜥蜴的口臭，那你就只需要一个类似的例子供你依葫芦画瓢。你猜还有什么东西会向四面八方排出滚滚烟雾？空气污染。

出于某种原因，煤炭工业从来不爱标榜自己在13世纪经历了跃进式发展这件事，发展势头最猛的地区就是英格兰。到13世纪末，伦敦人已经在抱怨空气污染问题了。

为了解决烧煤产生的雾霾与煤烟问题，伦敦市进行了一些创造性的尝试，其中包括直接告诉人们不要再烧煤了。但就像你试着对龙大喊大叫，让它不要再搞破坏了一样，对市民来说，这种策略完全不奏效。

考虑到这一点，你可以求助于中世纪对付喷毒版史矛革[1]的专家——铁匠！1473年，一位名叫乌尔里希·埃伦伯格的医生给铁匠们提出了简单易行的四步防护法：

1. 用一块布遮住嘴巴。
2. 在布里面放上好闻的香料——中世纪的欧洲人相信疾病是通过"不好的空气"传播的，所以对抗疾病最好的方法就是来点儿好空气。
3. 因为你也会用嘴呼吸，所以也要在舌头上放有益的东西，比如卷心菜或者绿宝石之类的。
4. 如果上述方法都不管用：大蒜配酒，我的朋友，大蒜配酒。

第四课：学会自救

绿宝石也许会用完，但办法绝对不会用完！你需要的只是确保自己路过的每一个城镇里的药房都能买得到底也迦——这种解毒药是一种近

---

[1] 《霍比特人》中的巨龙。——译者注

如何屠龙：中世纪英雄冒险指南

乎神奇的粉末，可以中和各种爬行动物的致命毒液（只有一种除外）。当然，底也迦的原料中有一味是提罗蛇皮粉，而这种蛇只在叙利亚才能找得到（上文提到的唯一例外就是它）。换句话说，你能买得起的底也迦多半是假货。

但幸运的是，即便在这样一个把使用水蛭当作主流医疗手段的时代，你依然有替代疗法可以选择。所以收拾行李去意大利吧！城门口的那个男人你绝对不会错过：他一只胳膊上盘着一条漆黑的大蛇，另一只胳膊上蜷着一条毒蛇，肩膀上还有一条金色的蛇在爬行。他是一位"保罗传人"，因为相传圣保罗对蛇咬具有免疫力。这个男人承诺说，只要你来上一罐"圣保罗的恩典"，你也能像圣保罗一样百毒不侵，而他卖的就是这个，只此一家，别无分店。这可是平替版底也迦啊！

所以"圣保罗的恩典"真的管用吗？嗯，我只能告诉你，永不放弃的只有两类人：一类是英雄，另一类是江湖骗子。

如何屠龙

你有没有想过,有朝一日会从一本讲词源学的书里学习屠龙技巧?

在《词源学》(*Etymologies*)一书中,塞维利亚的神学家兼主教伊西多(约560—636年)传授起屠龙经验来可是毫不含糊:一名巫师潜入龙的洞穴,在地上撒下安眠粉,然后趁龙无力反击时砍下了它的头。赢得很轻松!

但另一方面嘛……到了现在,对挖掘知识来源这件事你已经很熟练了。伊西多的书并不是关于讲解词语来源的词源学的。这本《词源学》是一部有关世间万物的百科全书,据称其中对事物的描述来自它们各自的名称(但主要还是来自之前的作者)。在伊西多的屠龙建议里,龙不是重点,石头才是。

谈及火系宝石时,伊西多提到了一种名叫"龙晶"的宝石。这种闪闪发光的宝石是东方国王引以为傲的珍宝。只有在龙的脑袋里才能找到"龙晶",但如果取自死龙头部,它就会变成一块普普通通的石头。因此,勇士在给予巨龙致命一击时,必然能见到这块璀璨的宝石。

尽管这令人崩溃,但你必须承认,有关一块不存在的石头的文字游戏和真正斩杀巨龙的指南之间差距还是很大的。

而当伊西多写到龙的时候,他的关注点更多地放在了龙能怎么屠你这个问题上(要小心龙用尾巴勒死你,就像蟒蛇那样,这是一条会飞的蟒蛇)。但这个条目对你来说也并非全无用处。鉴于伊西多额外提到了常见的"龙象大战"这一主题，你大概应该把马扔到一边，改骑大象去战斗。他还说，龙只能生活在印度与埃塞俄比亚的热带高温气候中。但小问题来了：你去过（或是来自）埃塞俄比亚，而你唯一见过的龙是艺术作品里圣乔治的手下败将。

然而，对伊西多而言，埃塞俄比亚和印度并不是真实存在的地方。它们位于已知世界的边缘，是半神话般的土地，满是各种已知与未知的奇迹，半神话风味的奇迹，比如龙。

不对，这个地理分布绝对有问题。龙一定**存在**，不然为什么中世纪到处都有它们的身影？虽然你从来没亲自闻过龙喷出的浓烟，但你见过很多龙：在科隆犹太教堂的彩色玻璃窗上，你看到了闪闪发光的龙——1096年的反犹屠杀后，人们颇具反抗精神地重建了这座犹太教堂；在13世纪的土耳其，你穿过城门时触摸过衔尾盘龙的雕像；到15世纪，龙雕塑射出彩虹般的烟火，点亮了欧洲的夜空。

而且你还听说过屠龙勇士呢！（你不用思考贝奥武夫算不算屠龙勇士，因为他并不是真实存在的人，而且在传说中，他死了。总之，他并没有屠龙，但没人记得这一点，除了那个真正的屠龙英雄，而他之所以记得这件事，是因为他没死。）

不对，你回想一下在梦中成为波斯最伟大的英雄罗斯坦的经历，他可是在忠诚的坐骑拉克什的帮助下艰难地斩杀过一条巨龙呢。某天，罗斯坦在远征途中停下脚步小憩一会儿，而他小憩的地方旁边就是一条龙的巢穴。拉克什不断嘶鸣，用蹄子拍打着它熟睡的主人，终于叫醒了罗斯坦。罗斯坦一睁开眼，就看见这条恶龙喷着火，怒气冲天地向他们冲来。而英雄手边的工具（也是你的工具！）则是一套盔甲、一把宝剑与头脑中机智的回击妙计。当龙试图用尾巴缠住罗斯坦时，他利用被缠到窒息、动弹不得前的最后一刻，冲到了龙的身后。罗斯坦对着龙一通又砍又刺，直到这条邪恶的巨龙在他面前断了气。

而在中世纪早期的英格兰，屠龙是件更简单的事情。根据某种医学咒语，消灭巨龙、将其斩作九块是北欧主神沃登（又称奥丁）的职责。而你的职责则是用茴香、百里香和野苹果配制解药，中和巨龙的毒液。让神仙代打这事听起来可能没那么有英雄气概，但至少能让你顺便收获一份小零食。

龙无处不在，它们必须无处不在。从印度到爱尔兰，它们是可能再度吞噬世界的原始混沌的终极化身，是邪恶的始与终，是……等等，龙也是恶魔。或者换句话说，恶魔就是龙。

要完成一场真正的英雄冒险，你就得斩杀一个龙形态的恶魔——这对所有人来说都是个好消息。这题你会啊，如果你是个中世纪基督徒，你应该对安条克的圣玛格丽特的生平非常熟悉，且熟悉程度几乎不亚于对基督生平的了解。而圣玛格丽特，在看似已然无望的紧要关头杀死了一条龙。

玛格丽特的父亲是生活在4世纪的叙利亚异教徒，但抚养她长大的却是谦卑的基督徒（换句话说，玛格丽特并非真实存在的历史人物）。尽管如此，她还是被安排嫁给国王（这么看，她绝对不是真实存在的历史人物）。显而易见，她拒绝放弃自己的信仰，于是被关进了大牢。显而易见，在监狱中她非常美丽而纯洁的身体受尽酷刑折磨，但她毫不动摇。

但在中世纪，这段剧情有可能（也确实）发生在任何一位美丽、童贞且不知真假的女圣人身上。但其他人的剧情里可没有下面这段：在经历了持续几周的痛苦折磨后的某天，玛格丽特正蜷缩在她的牢房中。忽然，一条龙撞进了她的牢房，它张牙舞爪，张大的嘴巴如同地狱之口。这条龙用尾巴抓起她，把她扔进了自己地狱般的大嘴里。

如何屠龙：中世纪英雄冒险指南

但主人公葬身龙腹并不是玛格丽特的故事应有的结局。

玛格丽特没有盔甲，没有宝剑，但她有超自然的神力。在这头怪兽的肚子里，她在自己身上画了个十字，先后触摸了自己的额头、胸口中间、一侧肩膀与另一侧肩膀。

然后她触发了全世界最惨烈的消化不良，炸开了龙的肚子。

但不知道为什么，圣玛格丽特并没有成为胃肠道的主保圣人。相反，她成为整个西欧最受欢迎也最重要的圣人之一靠的是她的治疗能力，特别是针对孕产妇的治疗能力。甚至描绘玛格丽特屠龙场景的标准圣像看起来也与接受剖宫产的妇女形象有几分相似。

但是，与玛格丽特不同，剖宫产绝对是中世纪分娩不得已而为之的最后手段。剖宫产几乎意味着百分之百一尸两命。即便希望渺茫，人们还是期盼新生儿能够活到接受洗礼的时刻。

于是中世纪的母亲们创造了一个独属于她们的宗教魔法仪式。当她们在女性亲属的陪伴下分娩时，会随身携带绘有玛格丽特圣像的护身符或写有她圣徒传记故事的纸片。玛格丽特战胜巨龙是一次"重生"，她击败了自己的死亡，而这重生也将击败威胁准母亲与婴儿的死亡。

你知道吗？中世纪儿童死亡率的统计数据高得吓人——50%的中世纪儿童活不过十六岁。而母亲们呢？在屠龙者圣玛格丽特的帮助下，一位准妈妈挺过分娩的概率约为98%，她和孩子的平安就是玛格丽特的新生。因此，每当有一名中世纪女性分娩，就会有一条龙被斩杀。

不过好像还是拿上盔甲和宝剑自己动手来得容易一点儿。

如何驯服巨龙

驯服巨龙是上帝的旨意。

说到底，就像北欧基督徒坚称的那样，不会驯龙你还做什么英雄啊？龙是全天下最雄伟的生物；龙可以带你俯瞰大地，它们会用爪子或嘴温柔地抓着你或叼着你，不会让你受伤；龙可以瞬间击退前来进犯的敌对部落，靠的不是屠杀，而是让敌人心生恐惧；当你不可避免地被反派关进地牢时，龙还可以给你照亮出路。以上论点说明，当你的坚定意志与龙的魔力与威严结合在一起，就可能产生全世界最强大的力量。

但如果这些例子在严格意义上来讲跟上帝没什么关系又如何？托马斯·阿奎纳是有史以来最伟大的神学家与哲学家之一，像他这样的权威自然知道驯服巨龙是上帝的旨意，而基督徒有责任进行尝试。但要怎么尝试呢？

如你所料，这个故事是从同人文开始的。

早期和中世纪的基督徒非常喜欢给他们最爱的《圣经》人物写同人文，而这些同人文有时甚至会成为正典的一部分。西门和犹大是耶稣最亲密的两名追随者，感谢同人文的二次设定，他们不再仅仅是耶路撒冷最后晚餐的座上宾，而是来到了波斯的一座宫殿之中，他们站在波斯国王面前，命悬一线。二人此刻都已经非常疲惫了，他们已经让整个王国以及宫廷中的大部分人都皈依了基督教，上帝还想让他俩做什么呢？

而宫中的法师们也有自己的一肚子怨气。他们刚刚在一场有关超自然现象的辩论中输给了一队律师，但这辩论主题明明是他们的拿手领域啊。他们使出了气急败坏的失败者惯用的招数，放出了一堆蛇——整整一百条蛇[1]在地上爬行，全是致命的毒蛇。

西门和犹大认得这套把戏。在《出埃及记》中的那个年代，上帝让亚伦把自己的木杖扔在地上，手杖化作一条大蛇，吃掉了法老的和臣仆的手杖变成的小蛇。但在那天的波斯宫廷里，上帝沉默不语，西门和犹大的手杖依然是两根顽固的木头。

如果你不能无中生蛇，那利用一下现成的也不错。两位圣徒脱下外套铺在地上，待那群致命毒蛇爬到衣服上，就抓起外套甩向那群法师，并向上帝祈求，请他让法师站在原地不动，好让他们被毒蛇撕成碎片。

上帝听到了，也同意了，但同时提醒西门和犹大，他们的做法有失圣徒风范。二人把上帝的话记在了心里——通常情况下，听上帝的话是个好主意。不过，当法师们请求速死时，他俩还是等了好一会儿才答应。

终于心满意足的西门和犹大命令这些蛇爬进沙漠去。两位圣徒没有试图杀死这些蛇，也没有等待上帝把这些蛇变成木杖，他们只是把蛇送走了，而蛇照做了。

几个世纪后（这次是在现实世界中了），托马斯·阿奎纳登场了。他舒舒服服地窝在位于巴黎某所大学的房间里，开始研读与基督教有关的所有文献：《圣经》的原文、属于拓展宇宙的外传，还有对一篇又一篇的同人文的二次解读。如果有谁能独自编完一整个基督教维基百科，那个人铁定是他，他将自己撰写的基督教版维基百科命名为《神学大

---

[1] 作者在此处用了"serpentes"一词，是拉丁语中"serpens"的复数形式。"serpens"一词与英语中的"serpent"基本对应，既可以指蛇，也可以指体形比较接近蛇的龙，本书上文也有用"great serpent"指代龙的内容。——译者注

全》(*Summa theologica*)。

在写作的过程中,托马斯需要证明当人们需要驱逐恶魔时,他们可以呼唤上帝,请他赐予他们驱魔的力量。这个证明过程中有一个关键的中间步骤,即证明人类可以指挥非理性的生物,也就是动物。在供他选择的各种论据中,托马斯选择了西门与犹大驯蛇的故事。

但在托马斯看来,原文中的"蛇"定义比较宽泛,甚至可以指代蜥蜴。他读了这个故事,记住了剧情,并在《神学大全》中给出了自己的解读:蛇变成了"龙"(dracones)。换句话说,这部大概是中世纪最重要的基督教神学著作斩钉截铁地告诉读者,人类能够、可以,并且应该驯服龙。

但还有一个几乎微不足道的小细节,没人告诉我们究竟要怎么驯龙。也许你能在某些手抄本里找到关于训练野兽的内容,但那些书可能是由某个修道士抄写的,他一辈子见过的最野的野兽大概是只耗子。也别指望教会之外的基督教作家能在驯龙方法上给你提供什么帮助。为了证明自己的男子气概,大把贵族男子将自己训练狩猎动物的方法昭告天下,但他们口中的狩猎动物指的其实是狗和猎鹰。哦,不对,后来还有豹子!这帮贵族为了证明自己的高贵,纷纷炫耀自己的宠物豹……而这些豹子其实是他们从亚历山大城买来的宠物,都被穆斯林饲养员驯化过。同样从原驯兽师身边横跨地中海而来的还有一头大象,它的表演在15世纪的威尼斯、德国与法国都引起过极大的轰动。

幸运的是,中世纪的穆斯林的确懂得如何驯服危险且不守规矩的动物,而且他们乐意提供指导。

当然,穆斯林兽医提供的指导意见主要针对的是猎豹,而不是龙。但设想一下,在西门和犹大掌握了驯蛇术之后,他们不得不在另一个国王的宫廷里再表演一次这个把戏,但这次需要驯服的对象是老虎。如果这个故事成立，那上帝显然认为驯服巨龙和驯服大猫之间有共通之处。有何不可呢？驯服大猫靠的是耐心加奶酪，驯服巨龙靠的是耐心加奶酪，以及不要乱动它们的金子。

尽管他的名字通常被人与海战联系起来，但14世纪的兽医专家伊本·曼卡利提供了一个双管齐下的方案，让你与你的猎豹建立友谊。尽管指导意见清单的存在并不能证明这些指导意见确实有用（当谈到海战时，我总是想起猎豹），但换个角度看，伊本·曼卡利的意见里确实提到了耐心和食物：

1. 趁这头你刚捕获的猎豹侧卧着，将其完全束缚住，保证它只有嘴部能动。
2. 在它脑袋边上放上一碗奶酪。首先，它会舔奶酪，然后吃奶酪（这种过渡阶段的存在似乎……不怎么现实）。
3. 等它吃够了奶酪，你就可以介入了：拿着小块的肉喂它，一次一块，让它把你的存在与好吃的联系起来。
4. 给它更多的活动自由，一点儿一点儿来：抬头，移动爪子，坐起来，站起来。但每个阶段都要等它完成了规定动作之后再喂食。
5. 大体上跟正强化驯狗的方法差不多，除了伊本·曼卡利驯化猎豹的最终目标是教它骑马。

不确定自己能否胜任？摊上了一头不听话的"问题猎豹"？12世纪的叙利亚宫廷可以为你提供进阶解决方案：找个女人来训练它。

某位苏丹最爱的猎豹就有一位女驯兽师。这位女性的名字已经消失在了历史的长河之中，但她与这只大猫的非凡友谊并没有。为了带着猎豹散步，这位驯兽师为它制作了项圈和牵引绳，而这头猎豹甚至允许她抚摸自己，给自己梳毛。

有了上面这些，这位驯兽师还觉得不够。她和苏丹十分爱这头猎豹，甚至给它准备了一张覆盖着天鹅绒的稻草床。据说，某天这位驯兽师对猎豹大发雷霆，因为它直接尿在了天鹅绒上，而没有尿到一旁。简而言之，她教会了一只猎豹如何上厕所。

在驯化第一条野生龙时，肯定没有人会考虑关于上厕所的问题。可能你满脑子想的都是自己如何安心窝在它的巨爪里遨游蓝天，或是如何命令它在你离开山洞时照亮前路。英雄们就该做这些，而不是给龙准备厕所。

但换个角度看，如果你教会了龙如何上厕所，那对生活在龙途经之处的人们而言，你绝对是位大英雄，毕竟龙可是会飞的。

如何在海怪的
袭击中幸存

欢迎上船！想去地狱看看吗？

在你看来，海怪大概是你海上征途中最容易过的一关，毕竟只有（字面意义上的）奇迹才能把溺水的人从沉船里捞出来，而海盗却会把你卖作奴隶、把你扔下船淹死，或者直接杀了你。相比之下，尼斯湖水怪似乎都变得像宠物一样可爱了。

但如果船尾那只海怪想把你的船当作蛋白派啃上一口，那你需要担心的可就不止丢掉小命这么简单了。所以，没错，你的确需要担心一下古代近东和史前时期原始印欧神话传说中生活在宇宙海洋里的远古怪物，毕竟它们如果不能吞噬全世界就会死的。

你也许会对这个神话一笑置之，因为你幸运地看过一部古老的希伯来讽刺作品。在这部作品中，一名不听话的先知被某条普普通通的大鱼吞下了肚。中世纪的基督徒发现，约拿在那条实际上不是鲸鱼的鱼（真的，《圣经》里没有明确提到是鲸鱼）肚子里待了三天。嘿，在受难日和复活日之间，基督不也在地狱里待了三天吗？（没错。）是不是几乎所有人都会用"血盆大口"来形容地狱入口，用"被吞下肚"来形容进入地狱的体验？（确实。）因此，基督徒宣称约拿的冒险实际上是一个寓言，指的是基督在复活之前击败魔鬼的三天。行吧，虽然基督与撒旦搏斗，而约拿大概是在跟胃酸搏斗，但他们的战斗依然发生在同一片邪恶的战场上。因此，如果你像约拿一样，被海怪连人带船尾地吞下了肚，那你确实是踏上了通往地狱之路。

但是，如果你想同时远离字面意义上和隐喻意义上的"地狱之口"，那你需要四处搜寻各种策略，从格陵兰苔原到欧洲图书馆，再到有恶龙出没的地方。

❦ 巴芬湾

北欧人驾船从冰岛航至格陵兰岛的事迹让你大为震撼？12世纪，图勒人可是从俄罗斯一路去到格陵兰岛的。不仅如此，他们还成功维持了从巴芬湾到阿拉斯加的顺畅交流和瓷器贸易。抵达格陵兰岛的图勒人和他们来自英国多塞特郡的前辈们（这么一比，北欧人好像就没那么厉害了）之所以能够坚持下来，是因为他们将一种名叫海象的海洋动物作为食物来源。海象不仅容易找到，还容易捕获。图勒人还很乐意将他们捕猎海象的技术运用到独角鲸身上，而欧洲人普遍不怎么喜欢独角鲸（……说到这里，感觉北欧人更不值一提了）。

但是，如果说贸易的货物可以说明一定问题的话，那北欧人对动物的长牙显然非常狂热。海象？独角鲸？北欧人的贸易伙伴面对挑战露出了自信的微笑。在北欧人心怀畏惧、不敢驾船前往的地方，图勒人直面这些巨兽，并取得了胜利。

不幸的是，如果你不是图勒人，那么挪用他们"英勇无畏"的文化可能会让你葬身兽腹。

❦ 红海

在成书于10世纪的《印度奇闻录》(*Marvels of India*)中，布祖格·伊本·沙赫里亚尔向读者解释了自己是如何受穆罕默德·哈桑·本·阿穆

如何屠龙：中世纪英雄冒险指南

尔指点，学会了遭遇海怪袭击时的逃生技巧，而后者的知识又是从一名在海怪魔爪下死里逃生的水手那里学来的。我懂，你根本不认识这个穆罕默德·哈桑·本·阿穆尔，而且布祖格·伊本·沙赫里亚尔也不是真实存在过的历史人物……但为了避免去地狱里走一遭，你需要搜集现有的所有对策，而这个故事里的水手赢了。

书接上回。正当这帮虚构的水手在真实的红海上航行时，一条巨大的鱼狠狠撞向了船体，撞击的力度非常猛烈，让他们误以为船撞上了悬崖，但船竟并没有沉！直到他们抵达港口，他们才明白了自己幸免于难的真相：怪鱼断掉的头堵住了被它撞碎的船体。怪鱼与船相撞时，它的头卡在了船体侧面，而正当它挣扎着试图挣脱时，一条真正怪物级别的鱼跟了上来，美美地享受了一顿美味的生鱼片，但第一只海怪的残骸依然牢牢地堵在船上的破洞里。

毫无疑问，这段奇遇提供了一个在海怪袭击中死里逃生的范例。但它是有参考价值的好例子吗？坐等"天降神鲸"来解决问题不仅非常犯懒，搞不好还会让你被海怪吃掉。

约旦河

历史上确有其人的菲利克斯·法布里（1440—1502年）去过真实存在的约旦河（1480年及1483年），写了一本真实存在的旅行日记。日记内容大部分也是真实的，而且他对其他旅行者信以为真的约旦河传说持怀疑态度（他让读者自行判断一些传说的真伪，比如用约旦河水洗过的亚麻束腰外衣是否真的可以让人免于被箭所伤）。

河边的穆斯林导游警告基督教朝圣者，下河游泳的人有时会……直接消失，所以无论在什么情况下，他们都不应该游泳过河。但是，当然，没人把他们的警告当回事。所以你现在可以"脑补"这样一幅画面：中年修道士脱得一丝不挂（这是中世纪欧洲的标准泳装），在水中快乐地嬉戏。

在法布里的第一次旅行中，和他一同游过河的同伴下水后的确直接消失了。终于，这个可怜人浮出了水面，这时的他不仅不省人事，还险些被淹死。在把吞下去的水吐出来后，他终于开口讲述了自己悲惨的遭遇。在水下，他感到有东西蹭了一下他的腿！他感觉自己全身的肌肉都泄了劲，眼看自己被拉扯着往下沉，却无能为力。

问题不在于是否有海怪想淹死他，而在于究竟是**哪种**海怪想淹死他。法布里复述了他听到的各个版本的推测：（1）袭击他同伴的是吞食人类肉体与灵魂的深渊生物，它们蛰伏在泥泞的河底，时刻准备着浮上水面，看见谁的腿就咬谁；（2）袭击他同伴的是从死海逆流而上的野兽，鉴于没有生物能在死海中生存，从死海逆流而上跟从地狱逆流而上基本没什么区别；（3）袭击他同伴的怪兽是河水本身——苦涩的死海水倒灌了进来，荼毒了约旦河。

然而，身为多明我会修士兼神学家，法布里认为自己有责任从这场即将发生的灾难中提炼出一定的经验教训。他认为，这场惊魂事件是上帝对人们光着身子在圣河中嬉戏的惩罚。

显然，坐等泳衣的发明是从海怪袭击中保全性命的**新颖**思路，但鉴于你这趟冒险是纯纯的中世纪风味，坚持使用这招大概还是会让你变成海怪的美餐。

英吉利海峡

不管虚构与否，10世纪的诗歌《被鲸鱼吞下肚的某个渔夫》（这个名字好像很靠谱）描述了一位名叫"里面"（"Within"，靠谱个头啊）的英国渔夫，而他的确被鲸鱼吞下了肚。"里面"在鲸鱼肚子里面度过了可怕的五天，为保全自己的性命和小船而不懈奋斗。"里面"用自己可靠的剑在鲸鱼的肚子上划来划去，总算将这头庞然大物驱赶到了岸边，让它在沙滩上搁浅了。直到放火点燃了自己的小船，他才总算是杀死了这条鲸鱼，而他本人依然在鲸鱼的肚子里。

但"里面"不甘心就这样被困住，决定再拼一把。他开始大声呼救。当地村民当时正聚在海滩上，准备将鲸鱼切成肉块，却听到鲸鱼肚子里传来了"里面"的声音。以为鲸鱼被恶魔附身的村民们瞬间没了食欲，惊恐地四散而逃。不过最终他们还是回来了，并且成功地把"里面"救到了鱼肚子"外面"。

要想在一首名为《被鲸鱼吞下肚的某个渔夫》的诗歌中领衔主演，那你必然会被吃掉。如果有一艘船、一把剑、一片海滩和一群饥肠辘辘的村民，那即便你被海怪吞下了肚，你也能活下来。但如果你被人误认成了恶魔，那你最终的结局八成是被绑在火刑柱上烧死。

下一个例子。

❧ 地球上所有的水域

还不害怕吗？《希伯来圣经》中记载了全世界最庞大的海中巨龙。它的身上覆满了盾牌一般的鳞甲，完全没有软肋。它呼出的是火焰，对它而言，锋利的宝剑如稻草一般脆弱，坚固的铠甲也像朽木雕成的一般不堪一击。上帝让它成为深海的主宰，比其他造物都更加强大，"它在骄傲的水族上作王"[1]。

但中世纪的犹太读者们很明白，世上的每个人都跟水族一样骄傲。他们发现，这些传说不过是同一个故事被翻来覆去地讲。到末日降临之时，上帝将杀死那只最为凶恶的海怪，杀死所有造物中最为强大的敌

1　引号里的原文引自《约伯记》41:34，此处引用了和合本的翻译。——译者注

人。而在最后的宴会上，全人类将共同享用它的肉体。

无论是在犹太教读者、基督教作家、阿拉伯说书人还是中世纪中期猎捕海象的图勒人的生活中，有关最后盛宴的这一预言都引起了人们的共鸣。从格陵兰岛的冰封海岸到约旦河畔，有一条真理颠扑不破：避免被海怪吃掉的最佳对策就是先吃掉它。

如何不被吃掉

  这本应是一个普通的星期天。858年的那一天，法国桑斯的村民们挤进了他们的教堂，女人站在教堂一边，男人站在另外一边。祭司背对着信众，开始用拉丁语祷告。理论上讲，信众们应当端正地面向祭司站好，但大多数人大概只是在属于自己性别的一边挤来挤去，不断交头接耳，闲聊八卦，并庆幸教堂长椅这项发明得再过好几个世纪才会出现。普普通通的一天，普普通通的一场弥撒。然后，一只狼冲进了大门。

  这只野兽先是冲进了男人群里，让他们互相推搡，有人甚至被挤倒在地。紧接着，它开始同样激烈地绕着女人群跑圈。之后，它冲出门外，消失在森林里。怕你忘了，提醒一下，在这场意外中，被狼杀死的人数是零。没有人丢掉性命，没有人缺胳膊少腿，也没有人损失财物，众人唯一损失的只有谈天八卦的时间。

  就这么大团圆结局感觉有点儿太不公平了。作为带着一帮旅伴冒险的英雄，你应该害怕在路旁树林中潜伏的狼群才对。在古斯堪的纳维亚语中，"vargar"一词既可以指亡命之徒，又可以指狼群，而"vargar"一直在袭击并杀害旅行者。为消灭这些野兽，法国与英国政府都会为上交狼皮者支付赏金。

  随着时间的推移以及十字军东征的屡战屡败，你应该越来越害怕。中世纪中期，欧洲长达几个世纪的人口增长意味着人类和牲畜在不断侵入狼的领地。狼可尝不出野生猎物和人类饲养的羊群之间有什么口味上的区别。尽管狼皮赏金已经让狼在1500年前后的欧洲部分地区彻底绝迹，但1438年，还是有一只狼在巴黎城外杀死了十四个人！所有的编年史上都这么说！

当然，你也可以把它理解为"1438年，一只狼杀死了十四个人，因为这事儿实在是太稀罕了，所以人人都在谈论这件事"。而且你这么理解完全正确。补充一下背景知识，1438年发生了一场毁灭性的饥荒。这场饥荒让狼走投无路，于是开始攻击人们。从这件事中，我们只能得出一个合乎逻辑的结论：中世纪之所以在这么多世纪里一直因为公关太差而形象受损，是因为他们把打广告的预算都花在了诋毁狼上。

不过别担心，你还是有机会靠打退动物赢取英雄积分的。你需要的只是一座非常爱吃培根的中世纪晚期城市。事实证明，想确保全家人吃得到咸鱼之外的荤菜，饲养一头母猪是一个很好的办法。比起自己喂它，放猪去大街上游荡吃垃圾要经济实惠得多。但唯一的问题在于，这些散养的猪有一个坏习惯：它们偶尔会闯进民宅，吃掉居民家里的婴儿。这个问题相当严重，德国有些城市为此颁布了法令，禁止人们放养他们的猪。但和你想象的一样，这些法令非常"有效"，因此，你有大把的机会可以冲上前去，从猪嘴中勇救小孩。再说了，跟既不被吃掉又有培根吃相比，只是不被吃掉也太逊了。

想到要宰杀一头可爱又聪明的小猪猪让你觉得有点儿难以下手？或者说，你不能宰猪，因为你凑巧是个穆斯林，或者是个需要犹太屠夫的犹太人，又或是一名正在大斋节期间守斋的基督徒，而且恰好忘了付钱给教会，让他们免除你的斋戒要求？还是说你就是觉得有点儿不爽，毕竟杀猪不够戏剧化，而你想要的戏剧性人狼大战并不会发生？别惦记你那英雄积分了。你仍然有被吃掉的风险，但威胁你的可不是蛰伏在路边暗处的野兽。当然，我说的是最危险的捕食者——

食人族

全体专业人士一致同意：在你扬帆起航奔向世界边缘之前，请务必三思。一场风暴有可能将你吹离航道，吹到比苏门答腊岛还要遥远的某座岛上，而岛上的居民会吃掉你，然后把你的头骨当作战利品展示出来。这不是不知真假的概率事件，这是板上钉钉的事实。你也别费心想着驾船回到海上了，你总得找地方补充船上的食物和淡水，而且外海边缘的所有岛屿上都住着食人族呢。

但是，如果你真的抵达了世界的尽头，你能保护自己、让自己不要变成食人族的新鲜食材吗？如果你认真研读了这位成功重获自由的10世纪水手的故事，那答案就是肯定的。

在斯里兰卡附近的一座无名小岛上（食人族住得离我们熟悉的世界好近啊！呃，大概算是吧），食人族国王亲自邀请这位水手赴宴。那是一场极尽奢华的宴会——前提是你得无视掉主菜的酱汁里漂着的大块人头和人的手脚。可以想见，这位水手一下子就没了胃口（可能之后好几天都不会再有胃口了）。第二天早上，正当他匆忙准备离开时，食人族国王拿出了一条鱼。"我们吃的是这个，"他告诉水手，"你昨天晚上吃的也是这个，我们岛上最美味的鱼。"传说中的食人族国王只是恶作剧吗？真是让人大松一口气。不管怎么说，不被吃掉都是好事一桩，而如果食人族根本就不存在，那么你就根本不可能被吃掉嘛。

因此，请你坐下来好好放松一下，并欣赏更多以沙漠中或荒岛上的食人族为反派的中世纪故事。比如在10世纪的一个阿拉伯故事中，斯里兰卡附近的某个地方有**另**一座岛屿，对水手而言，它是让任何人都有去无回的三重陷阱。如果你在这座岛上登陆，你会被老虎吃掉。如果你手脚够快,从船上直接跳进水里,饥肠辘辘的鳄鱼早已在此恭候多时。你为什么要从船上跳下去?因为刚刚登上你的船的海盗要将其据为己有……他们还要吃掉你。

等等,这是食人族海盗啊?

好吧。按照这个设定,这个故事显然没有给水手留下什么活路,让他们有机会留下幸存者,把这番经历讲述出来,但这不重要。人们只见过传说中的"食人族"吃鱼,但这也不重要。食人族总是生活在世界的边缘,可其实没有人真的去过那里,但你也不用在意这种细节。可是这个故事里有**食人族海盗**。

等等,不对啊,被吃掉可不是什么好事。避免被捕食者袭击的最好方法应该是根本没有捕食者才对。这样一想,食人族海盗从一开始就根本不存在真是太好了。

太可惜了。你击败了成群的邪恶势力,就为了拯救一个根本没有食人族海盗的世界,这有什么意思啊?

坏天气应对指南

在旅途中,你总会遇到天边涌起乌云的情况,但不用担心,雇一个天气巫师来就好啦。

没错,中世纪真的有天气巫师。这些被称作"tempestarii"或是"tempestariae"的法师在9世纪的法国和英国享有救世主一般的地位。当风暴在地平线上若隐若现时,他们有能力与云层沟通,迫使它们离开。

天气巫师有时也被称作"inmissores tempestatum",意为"风暴发送者",因为他们能召唤雷电与冰雹。他们念着咒语,召来暴风乌云,摧毁农民的收成。

补充一个重要的知识点:"tempestarii"和"inmissores tempestatum"指的是同一伙人,他们想要的东西也很一致,就是你的庄稼。想阻止他们兴风作浪的办法只有一个,就是把你的收成分一些给他们,不要全都捐给教会。

对一帮农民巫师而言,"inmissores tempestatum"这个名字是不是听起来太文雅、语法太准确了?你有没有觉得"把收成交给他们**而不是教会**"这个描述的指向性也强到可疑?你的感觉很可能是对的。中世纪早期的教会经常声称天气巫师们是罪人,而中世纪早期的欧洲政府也经常受教会鼓动,时不时宣称天气巫师们是罪人。但不知道为什么,如果你想通过翻阅文献寻求指引,那么你在文献里唯一能找到的天气巫师其实并不是真的天气巫师,而是他们的死对头。

816年前后，里昂的阿戈巴德大主教记录了他与一个人的谈话。那个人声称自己目睹了一名天气巫师作法的过程。但阿戈巴德向他的读者保证，这只是此人的一家之言。他说服了这个目击者，让其承认自己实际上并没有见过任何人施展任何天气魔法——这个故事完全是这人编造出来的。

而另一个情况则紧急得多。机缘巧合之下，阿戈巴德遇到了一队村民，他来得正是时候，因为村民们正准备用石头砸死三男一女。村民们解释说，这四个人是驾云航行的空中水手，是从他们的一艘飞天船上掉下来的。阿戈巴德称自己当时发表了一篇长篇大论，并且与村民们进行了深入的辩论，而他自然是辩论的胜方。村民们承认自己的想法是错误的，并释放了四名囚犯。这次的故事里甚至没有出现疑似天气巫师之人的影子。

阿戈巴德这位兢兢业业的调查者与英雄（至少他自己是这么说的）发现有很多人相信天气巫师的存在，但没有谁真的是天气巫师，也没有谁真的认识天气巫师，甚至没有谁亲眼见过天气巫师。你想找一位天气巫师在冒险途中助你一臂之力？那祝你好运。

但别担心！中世纪还是有"天气巫师"的，不过人们管他们叫圣人和祭司。他们靠着咒语和仪式符咒，在包括法国和英国在内的很多地方都享有救世主一般的地位。

法国西南部的人们向祭司祈祷，希望自己的庄稼能获得足够的雨水，而祭司们则会组织特殊的礼拜仪式来驱散雷暴。中世纪早期法国和德国的祭司（比如里昂的某位阿戈巴德大主教）通过祈祷获得了驱散雷电与冰雹的力量。这可太奇怪了。

尽管人们进行了这些尝试，但凶残的风暴依旧会袭来，这时人们通常会选择躲进坚固的石头教堂里避难。但假如有一位正儿八经的圣人在你身边，谁还需要结实的建筑呢？根据记载，一位名叫利奥巴（约710—782年）的英裔德国传教士兼女修道院院长挺身而出，面对全村人平生见过的最猛烈的风暴，她在自己身上画了一个十字，也就是将一只手举到前额，然后向下滑到腹部；触摸胸前心脏的一边，然后再滑到另一边。风暴瞬间消失得无影无踪。

虽然利奥巴的圣徒传记里只提到了这一次成功的经验，但也不用担心，对像你这样的英雄而言，碰到一次以上猛烈风暴的概率肯定相当低。在这个故事里，宗教和魔法之间的界限似乎非常模糊，但这也不算什么问题，毕竟中世纪的基督教就是这个味儿的。真正的问题在于，为了让利奥巴看起来像个圣人，写故事的人可能需要给她编一些神迹。唔……

好吧，要想让你学会对付天边的乌云，可能还得再找点儿别的例子。你觉得跟敌对的巫师斗法，比拼呼风唤雨的能耐怎么样？

在成为全村第一个基督徒之前，赫尔蒂格只是一个生活在9世纪瑞典比尔卡的普通人。某一天，在暴雨将至的时刻，一群人开始因他基督徒的身份而取笑他。赫尔蒂格立刻回击，说他们信仰的众神不能驱走暴雨，但他信仰的上帝可以。赫尔蒂格和这帮人在一片林中空地的两头各自摆好阵仗，然后分别开始诵唱。乌云裂开了一条缝，异教巫师们被从头淋到了脚，赫尔蒂格身上却没有一丝水渍。神圣的天气魔法真的有用。

不过赫尔蒂格不是圣人。所以也许圣人不能当天气巫师？

但不要担心！中世纪依然有"天气巫师"的存在，只要用对了工具，你绝对可以成为他们中的一员，而且你甚至不用加入某个（子虚乌有的）异教教派或是死于维京人手下（并不会）就能做到这一点！

你很快会发现，最有用的工具其实是一个简单的十字架：只要在俯瞰你田地的山坡上立上一个木制的，就能防止冰雹来袭；如果给这个十字架加上一个特别的祝福，它甚至能帮你的庄稼抵御秋末春初的霜冻。你可以学习一下克吕尼的胡果（死于1109年），并非圣人的他实现了与利奥巴相同的奇迹：他在自己身上画了个十字，赶走了与上一个故事中类似的风暴。**怀疑论者**也许会指出，中世纪早期的祭司之所以反复强调基督教徒画十字的行为拥有近乎魔法的神力，是为了告诉人们耶稣的死亡与复活有多么重要。但收获庄稼的时候谁还管这么多啊？

你也可以借助"空气"元素的力量，用钟声压制雷声——教堂的钟声是最响的。在此基础上，你可以混入"水"元素的力量，往钟上洒圣水，让钟声将冰雹"推"回云中。如果你只有自己的声音可以用，那就召唤天使助你一臂之力吧，不要把召唤范围限制在加百列和米迦勒这种传统的"好"天使上，也可以从潘奇赫尔和他的四万四千名天使助手开始考虑嘛。

因此，当地平线上出现乌云时，你只要露出满足的笑容就够了。中世纪的确有天气巫师，而你就是其中一员。

如何活过无尽寒冬

1510年与1511年之交的冬天是残酷的。这是一个空前的寒冬，比人们短期记忆中的任何一个冬天都更加严酷，而且（事实证明）比布鲁塞尔居民后来经历的任何一个冬天都要恶劣。因此，1511年1月，布鲁塞尔的市民们做了他们唯一能做的事：堆雪人。

准确地说，他们在城市各处堆了一百多个雪人，雪做的圣人、雪做的希腊众神、雪做的牛，等等。这场雪人艺术展甚至激发了城市官方诗人的创作灵感，他给这些雪做的生物赋予了文学生命，比如他诗中的雪牛会拉屎放屁。可以，这很中世纪。

定格在勾引姿势的雪修女很好笑，但更好笑的是在布鲁塞尔的敌人的城堡中拉屎的雪人——敌人的城堡也是用雪堆成的。但1511年的雪人节不仅鼓舞了人们的士气，布鲁塞尔的市民们还将他们的集体艺术创作称为"奇迹"，而非"神迹"。他们强调这是人类的创造，并非出自上帝之手，而描绘裸体人类做爱场景的雪雕象征着人类战胜了冬天。"寒冷和黑暗尽管放马过来吧，"这些雪人说，"严冬休想打败我们。"

要面对望不到尽头的寒冬，你需要的就是这种精神。

如何适应寒冬

谢谢大家关心，中世纪的萨米人（你可能知道，他们是现代挪威、瑞典、芬兰和俄罗斯西北部原住民的祖先）可是在终年寒冬的地方活得风生水起呢。萨米人建立了只有冬天才用的定居点，他们每年冬天都住在那里。哪怕是那帮愚蠢的维京人也是需要夏天的。每年的一、二月份，北欧人只能靠萨米人的货物过活，这些货物一部分是靠贸易换来的，一部分是靠早期殖民主义风味的强制税收抢来的。

对了，你可别忘了，中世纪的萨米人在全年如夏的地方也过得很好。到中世纪晚期，海岸线上的萨米人聚落为了能够让自己全年都在一个地方生活，免受迁徙之苦，已经开始从事全新的生产活动了（是捕鱼！），而生活在斯堪的纳维亚内陆的萨米人依然主宰着永恒的夏天与永恒的冬天。

简而言之，萨米人总有办法。

如何享受寒冬

现在摆在你面前的是冬天的阿尔卑斯山。

你有两个选择：要么在靴底和马蹄铁上钉上防滑的钉子；要么听从当地人给游客的建议，在下坡路中间放一根圆木，你跨坐在圆木上，再找个人使劲推你一把，让你骑着圆木滑下去。

确实，在给冬日乐园创造"乐子"这方面，中世纪欧洲人是专业的。布鲁塞尔的雪人博物馆不过是入门级别的娱乐，打雪仗在15世纪的德国显然非常普遍，甚至被祭司们列为罪恶之一，不过这背后真正的原因也许是祭司们**自己**也被雪球糊过脸。

萨米人在自己脚上绑上滑雪板，用缰绳套住驯鹿，在已冰封的水面上享受滑雪的乐趣，这似乎让南方国度的作者们嫉妒不已。而另一方面，假如荷兰在中世纪就已经是一个国家的话，那滑冰绝对会成为中世纪荷兰的人气国民运动。斯希丹的利德温娜甚至正是因为一场滑冰事故才踏上了成为圣徒的道路。所以就算你一开始滑得不太稳也不用担心！

但你可以把这份担心留给中世纪中期的冰岛和斯堪的纳维亚半岛。尽管当地玩的那种冬季球类运动的游戏规则并不明确，但其中大部分都提到了两支队伍要为了争夺一个球而相互追逐，追逐过程中还会产生各种身体接触。如果冬天有些时候的天气比平时还要糟糕，运动者们也会把比赛搬进室内。出于避免被冬季寒风吹走的考量，比赛中使用的球有一定重量，所以如果你不得不在室内大厅而非露天场地进行比赛，一定要当心家具——哎呀，如果大厅里的家具为女王所有，那你更要加倍小心了。对13世纪的读者而言，《埃吉尔萨迦》（*Egil's Saga*）中的记载是相当符合现实的：两支球队大打出手，最终以一名球员头上挨了一斧头而告终。

希望这个故事是在口口相传中才变成这样的。

如何从寒冬中获利

球和斧头就留给贫农们玩吧。如果你是中世纪的统治者，无尽寒冬可以让你有机会在两个关键方面更进一步。

首先是金钱方面。法国与神圣罗马帝国境内连年的歉收导致了自1315年持续至1322年的大饥荒。痛苦的农民家庭眼睁睁看着自己的孩子活活饿死，贵族们不爽地看着一个又一个家庭为了寻找残羹剩饭果腹而拖欠他们本应用小麦和大麦缴纳的税款。但不用担心，面对持续多年的恶劣天气，贵族们想出了一个全新的绝招：让农民改用金钱而非农作物来支付税款或租金。

但如果农民没有农作物去别的地方卖，那他们要从哪里赚来这笔钱呢？嗯……那就是他们自己的问题了，对吧？

其次是地位方面。虽然有点儿贵，但穿皮草显然是解决保暖问题的最佳办法。所以为什么你——或者议会和市议会——不搞个法律出来，规定谁能穿皮草、谁不能穿呢？中世纪晚期的禁奢法令规定了各个社会群体分别可以穿什么衣服、不可以穿什么衣服，并且在皮草问题上大做了一番文章。能不能使用皮草、能使用什么种类的皮草、在衣服的什么地方能使用皮草，它都做了规定。

冬天越是严酷，人们就越渴望皮草，而展示你高人一等的最佳手段莫过于对穿皮草的资格进行限制。如果你处理得当，你就可以成为唯一拥有这个资格的幸运儿。

如何适应寒冬、享受寒冬并从中获利

对中世纪早期的西欧农民而言，冬天有一个非常明显的好处：战争少了。少太多了。国王和领主们显然不会带着一支涣散的军队四处征战，所以没有人会被征召去打仗，也不会有军队蹂躏农民的田地、焚烧他们的房屋，或做出一些更糟糕的事情。维京人在肆意掠夺了一个夏天后也打道回府了。即便是冬季天气没那么严酷的地中海沿岸也得到了喘息的机会：冬天的海洋本身也要比其他季节更加凶险，因此海盗对沿岸地区的袭击也大大减少了。

话虽这么说，维京人还是改变了这一切。到9世纪中叶，维京人已经把越冬这门技术发展得相当完善了。他们把越冬据点建在了欧洲大陆周围的岛屿和河流三角洲上——爱尔兰、法国、伊比利亚、法国南部，只要你能叫得出名字的地方任君挑选。他们为了适应新环境改变了自己的生活方式，享受着不那么寒冷的生活，并从全年不间断的掠夺和奴役中获得了巨大的收益。

唯一的小问题在于，维京人最终意识到了一件事：对他们而言，不再做烧杀抢掠的"维京人"，而是做回普普通通的北欧人似乎是个更好的选择。他们的越冬突袭战术（以及整个"维京人"事业本身）也许适合度过一个冬天，也许适合度过很多个冬天，但显然不是度过无尽冬天的最佳方案。

如何成为赢家

不过说到底，中世纪有一群人绝对是过冬的专家，那就是修道士和修女们。中世纪的修道院根据日出、正午和日落的时间来安排每天的日程，因此修道院的一天从黎明时分的集体祈祷开始。

换句话说，鉴于冬天太阳升起的时间比较晚，恭喜你，朋友，无尽的寒冬给了你睡懒觉的机会，而且是天天都可以睡懒觉喔。

如何打败蛮夷部落

在正式开始之前，我们得搞清楚一件事情：对中世纪地中海沿岸的世界而言，每个民族在其他人眼里都是蛮夷部落。举个例子，在伊斯兰教出现后的头580年里，阿拉伯作家对拜占庭帝国本身的评价相当不错，他们将其称为"al-Rum"（"罗马"），认为拜占庭帝国继承了古罗马的文化与威严，但他们眼中的希腊民族则是男人凶狠狡诈、女人好色放荡。（你以为会有不同的评价吗？）

还有另一件事情也要说清楚。不管你是谁，维京人在你看来一直都不是什么好人。但千万不要把所有北欧人都一竿子打死，把他们统统当成"维京人"，用柏油和羽毛[1]严加惩罚一通（尽管柏油的确是北欧主要的出口商品之一）。维京人只是北欧人中的一小部分，他们在中世纪的一小段时间里烧杀抢掠并奴役了许多民族，甚至把矛头对准过自己人。当然，中世纪对维京人的恐惧与现代对维京人的浪漫美化让800—1050年这个时期有了"维京时代"的别称。这个时代持续的时间并不长，因为维京人存在的时间也不长，但斯堪的纳维亚半岛南部和冰岛依然人丁兴旺，相当顽强。

除此之外，虽然蛮夷部落民风剽悍、看似邪恶、令人钦佩，但他们普遍没什么文化——北欧人是很有文化的！当然，和《坎

---

[1] 此处"Tar and feather"原指12世纪的一种私刑，指在犯人身上涂满柏油然后黏上羽毛，现已成为英语中的固定习语，指"严厉惩罚"。这里因为后文提到了柏油，所以此处保留了字面含义。——译者注

特伯雷故事集》(*Canterbury Tales*)、《炼狱》(*Inferno*)或是《揭示金字塔秘密的形式高尚之光》(*Anwar 'ulwiyy al-ajram fi al-kashf 'an asrar al-ahram*)相比，《盟誓者萨迦》(*Bandamanna Saga*)这个书名确实不怎么响亮，但北欧人的萨迦在文化层面有着重要的地位，所以才能把"传奇"(saga)这个词留给我们，而"萨迦"本身也是一种优秀的文学作品，配得上"传奇"之名。

中世纪的斯堪的纳维亚半岛也贡献了许多优秀的艺术形式。缠绕交错的藤蔓纹样与风格化的动物形象是凯尔特结的典型表现形式，爱尔兰的《凯尔经》(*Book of Kells*，9世纪早期)和英国的《林迪斯法恩福音书》(*Lindisfarne Gospels*，约720年)是让这种艺术广为人知的代表作品，而斯堪的纳维亚半岛上诞生的类似艺术作品正说明了北欧人对艺术的重视程度。什么？你说维京人在793年，也就是这本精美的《林迪斯法恩福音书》问世的70年后袭击并摧毁了林迪斯法恩修道院？哎呀，金无足赤，人无完人嘛。

呃，仔细一想，北欧人好像并没有在维京时代结束之后就立刻洗心革面，重新做人呢。中世纪鼎盛时期的某些北欧领主甚至慢慢开始强迫住在他们北边的萨米人向自己交钱……我们姑且管这叫"保护费"吧。

所以……要不我们还是继续认为"维京人都不是什么好东西"吧。

下面的故事会用维京人的例子向你展示打败蛮夷部落的正确招数，以及这个招数为什么同样适合你。

❦

鉴于所有发生在中世纪欧洲的事件只有影响到英、法两国时才算得上大事，所以维京时代开始于793年。那一年，维京人第一次对爱丁堡东南方的英国海岸进行了一定规模的袭击，但斯堪的纳维亚半岛上的各个部落可不是吃素的。到820年，维京人的突袭小队已经深入法国，并沿着塞纳河一路直逼巴黎；到840年，他们已经打到了伊比利亚半岛。法国作家、信奉基督教的西班牙作家以及安达卢斯作家们对维京人的恐惧是很有道理的。（到842年，维京人在伊比利亚半岛也吃了败仗，但我们先把这事儿放在一边。在成为你的手下败将之前，蛮夷部落怎么能输呢？）

到900年前后，来自挪威和丹麦的北欧人已经把英国和法国的大片土地掠夺得一干二净。忽然间，大家最关心的问题变成了"谁想见好就收？"：911年前后，一个原本名不见经传的名叫罗洛（约860—930年）的维京人领袖决定与加洛林王朝的皇帝"糊涂"查理（他真的挺糊涂的）达成一项交易。根据条约，加洛林王朝赐予了罗洛……他已经控制的土地，而作为交换，罗洛要击退入侵这块土地的其他进犯者。

罗洛的后代和查理的继承人随后又签订了一系列条约，通过政治手段扩大了维京人在政治层面对领土的控制权，而双方交易的一部分甚至包括皈依基督教。要知道，维京人可是因为在教堂和修道院烧杀抢掠而臭名昭著的（当然，他们之所以会这样臭名远扬，可能是因为记录这段历史的是修道士和修女），可罗洛却向教会捐赠了金钱和土地。

当然，这并不是说诺曼底的维京人就变成了**法国人**（前提是你认为911年前后确实存在现代意义上的"法国人"）。他们在新臣民中推行了斯堪的纳维亚的某些法律，斯堪的纳维亚语的词汇也渗入了当地的语言中，所以诺曼底的维京人依然是维京人，他们依然在不断地掠夺。只不过……他们开始倾向于通过政治和异族联姻继续掠夺，而且他们学会了在掠夺的同时付出一些东西。简而言之，他们依然是维京人，但不再是

如何屠龙：中世纪英雄冒险指南

原汁原味的维京人了。蛮夷部落既不再"蛮夷",也不再是个部落了。

躺在你的维京式墓穴里"唆唆"地抱怨去吧,红胡子埃里克。查理国王平等对待西欧最凶恶的敌人,对错误的贵族示好,最终死在了监狱里,成为后人口中的"糊涂"查理。但你必须承认,把实际上已经不归你管的土地赐给蛮夷部落,并说服他们接纳你的宗教这个策略虽然有点儿离经叛道,但的确是一种打败他们的战术。

如何智胜神灯精灵

现在，你破产了。

旅行是中世纪最烧钱的事情之一（比旅行更烧钱的只有在1250年花掉法国国民生产总值的三分之一来把国王赎回来这件事），因为你已经在路上很久，所以你破产了。

你已经很不情愿地承认英雄不能为了一己私利偷别人的钱，而且出于某种原因，英雄从来不会在冒险途中抽出一两个星期，在收获季作为农场帮工进行一些诚实的劳动，于是你成了神灯精灵主要的诈骗对象。

这剧情走向你可太熟了：你找到了一盏神灯，但灯不是空的，灯里鬼魂一般的房客愿意满足你任意三个愿望，但这个幽灵却用扭曲的方法满足你的要求，最终你腰缠万贯，但也丢了性命。当然，想要避免这个结局，你可以想办法让精灵乖乖听话，实现你的要求。

中世纪应该是帮得上忙的。精灵（jinn）作为一种鬼怪，在近东民间传说中有着悠久的历史，但住在灯里、可以实现愿望并且最终为主角服务的这个老熟人精灵来自《阿拉丁与神奇神灯》这个故事。这个故事又出自（远没有一千零一个故事的）《一千零一夜》。《一千零一夜》中许多故事的文化背景都可以一路追溯到古印度，但此书的大部分内容都是中世纪早期阿拉伯世界的创作。

然而《阿拉丁与神奇神灯》并不是。这个故事直到18世纪才出现在法国版的《一千零一夜》当中。18世纪的法国很有特色，比如面包特别短缺，比如人头特别容易落地，但它和中世纪显然没有半毛钱关系。

因此，如果你想智胜**你遭遇的**精灵，同时留住财富和性命，那你最好除了了解真正的中世纪精灵故事，也再去其他地方找找对策。

去别处寻求对策对你有利无害

考虑一下《一千零一夜》里货真价实的中世纪故事《"懒骨头"阿布·穆罕默德》吧。因为有着独特的生活方式，阿布·穆罕默德被人冠以"懒骨头"的绰号。他有多懒呢？当他缺钱的时候，他就把自己的家当交给另一个人，让那个人去换点儿让"懒骨头"稳赚不赔的东西。果不其然，那个人给他换来了一个乔装打扮的精灵。"懒骨头"最终确实控制并利用了精灵的魔力，精灵也确实让他变得像哈里发一样富有。

当然，在找人帮他发财和自己真正发财这两件事情中间，这位人称"懒骨头"的男人不得不穿越沙漠、杀死一条棕蛇来解救一条白蛇、上天下海、差一点儿就驾船到了中国、拜访一座传说中的城市、取得一把神奇的宝剑、潜入一座城市、爬上一根柱子，然后往一只秃鹫身上撒麝香。除此之外，他还要跟白蛇家族的几位成员交朋友，然后控制整支精灵军队的力量。虽然从表面上看，这个故事里最终取胜的是人类，但人们还是宁愿认为是原本的精灵智胜了已经不再懒的"懒骨头"。

还有一条待斩杀的龙和一位不知道愿不愿意被你拯救的公主在等着你呢，你可没空在这个教育人们要努力工作的宗教道德故事里担当主角。

策略一： 无视神灯精灵

如果你从一开始就不跟精灵打交道，那你就没有智胜它的必要了。因此，如果你找到了神灯，直接把它熔化成金子卖钱就好了。

可话说回来，哪个有自尊的正经精灵会住在大油灯里啊？如果你用了这一招，你肯定能活下来，但只能富裕那么一小会儿。

策略二： 自我保护

在准备和精灵谈判之前，记得先在你自己周围画上一个魔法圆圈，念出相应的咒语，好让自己免受精灵的欺骗。

可话说回来，哪个有自尊的正经精灵能忍住不告诉你魔法圆圈画歪了？谁又听说过魔法椭圆啊？

策略三： 见好就收

精灵要等到你许完三个愿望才会开始扭曲你的愿望，对吧？那你把愿望清单缩短到两个，并且确保自己不会说"呃啊，真希望他们能消停一会儿"之类的话就好了。

可话说回来，你的队伍里有个吟游诗人，你绝对会在旅途中的某个时候希望他能消停一会儿的。

你就想象一下有自尊的正经精灵会怎么曲解这个要求吧。

策略四： 将计就计

掏出纸笔记录下你与精灵之间的交易，这个主意听起来似乎再糟糕不过了——你可不希望给精灵留下什么书面记录，方便它找个好办法曲解你的要求。但把你的愿望写下来其实是一个绝对万无一失的方法，可以有效防止精灵曲解你说过的话。有了中世纪经验的正确指

如何屠龙：中世纪英雄冒险指南

导，你可以起草一份合同。合同的内容当然也会被精灵曲解，毕竟精灵们江山易改、本性难移嘛。但有了地狱女皇的帮助，被曲解的可就未必是你的愿望了。

对了，既然说到这儿了，我还得提一句，在中世纪的基督教中，温和慈爱的圣母还是一位手持宝剑的恶魔杀手。

我指的可不仅是比喻层面的"恶魔杀手"。她消灭恶魔靠的不是"将上帝的儿子带到世上，而他会在十字架上为世人而死，之后进入地狱，击败死亡，并复活自己"这种曲线救国的方式。我说的是，她会拿着真正的大剑，和真正的恶魔搏斗。中世纪的书籍、戏剧和教堂彩色玻璃窗上都表现过这个主题——教堂彩色玻璃窗就是中世纪的漫画书。

要想实现你智胜精灵的目标，你需要从马利亚拯救西奥菲勒斯的经过中学习一下。有关这位遭到围困的安纳托利亚主教的传说在起源于……安纳托利亚后的一千五百年中，发展出了许多变体，因此这里我们只挑在中世纪传播最广的版本来讲。

西奥菲勒斯是一位主教，也可能是其他等级的教会神职人员，但总之某天他突然发现自己被革职了，于是他也失去了自己的地位和收入。当然，他后续的"明智"行为充分说明，他被革职并不是毫无根据的：为了重新获得权力和财富，他召唤出了一个魔鬼，并出卖了他仅剩的东西，也就是他的灵魂。

这个魔鬼非常狡猾，他让西奥菲勒斯起草了一份契约，并要求西奥菲勒斯签字盖章，承诺用自己死后的灵魂换取生前的财富。拿到这份契约后，魔鬼顺着满是污泥的滑道溜回了地狱。

后续剧情在这里出现了一个小分岔：如果讲这个故事的人是祭司，那西奥菲勒斯就会即刻陷入精神层面的绝望境地；如果讲这个故事的人不是祭司，那西奥菲勒斯就能先在教会中一路飞黄腾达，并获得（且花掉）与他的地位相称的大笔财富，然后才陷入精神层面的绝望境地。

他鼓起勇气向马利亚祈求帮助，因为她是上帝与有罪的人类之间的终极调解员（她本质上就是一位有超能力的圣人），而天主之母与仁慈之母马利亚自然站在了这个自作孽不可活的男人这边。她意识到是西奥菲勒斯签下的那份实体契约起到了约束作用。简单来说，就是西奥菲勒斯的灵魂已经变成了一个有形的实体，被放在了一个确切存在的具体地点，由另一个有形的实体看守着。

于是马利亚（注意，不是她的救世主儿子，而是她本人）下到了确切存在的地狱里，与魔鬼单挑了一场，并将契约偷了回来。西奥菲勒斯的灵魂得救了，"天上母后"马利亚也在中世纪晚期获得了"地狱女皇"的绝赞称号。

祭司们讲述这个故事时，他们的重点在于强调马利亚作为"调节者"拥有的神力，并且严肃地教育信众，在绝望之时应当向上帝求助。但不是祭司的人讲述这个故事时的重点就完全不同了，他们关注的是马利亚——天上母后，温和仁慈之母——抓起大宝剑，冲进地狱，偷走了西奥菲勒斯的契约，然后把恶魔暴揍了一顿的故事（还是那句话，教堂彩色玻璃窗就是中世纪的漫画书）。

因此，如果你把愿望变成了一份书面合同，那你就把精灵的力量限定在了一个划定范围的狭小空间里。你可以用物理手段砍翻精灵，没必要和它在咬文嚼字的文字游戏中死磕。当然，为了争夺契约的所有权，你还是得跟精灵大战一场，但你可是一位手持宝剑的英雄，你擅长的是字面意义上的打架，而不是只为字面意义打上一架。就算没有地狱女皇的帮助，这也是**你的强项**，某些短暂出场的精灵可比不上。

策略五：留条后路

和英雄们为了完成冒险而必须完成的其他各项事情不同，签书面合同这个策略有一个最大的好处，那就是这个方案有一条几乎算是自带的"后路"。

当然，魔鬼会教你识字，但它之所以有必要教你，是因为中世纪农民识字率低到几乎完全不存在。但到中世纪晚期，随着公务文件的普及，农民们经常需要在地主和领主拿出的各种文件上签名。不识字的人签的不是自己的名字，他们会画一个"×"代替。

因此，当你和精灵一起制定那份契约时，一定记得雇一个抄写员来代笔，也一定要回想起自己在还没有被魔鬼教会识字的青年时代的状态，把你的"名字"签成一个又大又粗的"×"，一个让人辨不出书写者笔迹的"×"。

你现在甚至不用许愿让所有人都认不出你的笔迹了。

因为这个愿望可能会出问题，出大问题。

如何找到独角兽

每个英雄在冒险途中都会遭遇山穷水尽的时刻。当然，你并不会真的走投无路——这种绝望境地要再晚一点儿才会出现，而想摆脱这种境地，你需要的可不只是好运气。但是，如果你感到有点儿绝望，而且确实想寻找一点点好运气，那么你有没有兴趣小小绕个路，试试寻找独角兽？

有一件事情我必须现在就说清楚，中世纪的基督教神学家明确表示，独角兽十分强大且颇具野性，因此并不是你找到它，而是它找上你。准确地说，它会走到一名处子面前，把头靠在那个人的膝上。

但你和你的旅伴们可没有时间坐等独角兽光临，你们也没有时间设下陷阱，好让你有机会嘲笑村里的恶霸在自己的风流经历上撒谎，你更没有足够的坏心眼来把神学家口中传说的下一部分变成现实：温柔的独角兽在处子膝上睡着了，而那个人却将依偎着自己的温顺独角兽带到最近的城堡里接受宰杀。

假如找到独角兽的人是你，这对所有人都好，真的。

想要给你追寻独角兽的旅程一个大团圆结局，有三大原则需要你牢记在心。

❀ 1. 充分了解目标

单从字面上看，你大概也能认出"Uni-cornus"这个拉丁语单词是"独角"的意思。的确,用拉丁语、阿拉伯语与希伯来语写成的文献中都说独角兽这种动物长着一根尖尖的角。至于其他部分嘛……

在西欧自然哲学家们的设想中,独角兽有山羊的身体(一定是因为胡子)。有些近东作家说独角兽是早产的骆驼,它之所以有角,是因为母骆驼在胚胎固化成形之前就把它生了出来(中世纪科学就是这样的,随它去吧)。一本希伯来语小册子中提到了一种类似公牛的动物,它的下巴和鼻子上都长着一根角(跟山羊的胡子差不多,但不包括山羊的其他部分)。

动物学理论就先学习到这里。你需要的是一个亲眼见过独角兽的人。你需要的是马可·波罗。

历史上确有马可·波罗其人,他和他的代笔作家鲁斯蒂谦所说的旅行也很有可能是真的。他从意大利出发,一路抵达了苏门答腊岛(和其他很多地方),然后又平安回到了意大利。在苏门答腊岛上,他见到了他口中的独角兽,而且他觉得它长得很恶心。

据马可·波罗和鲁斯蒂谦说,独角兽几乎和大象一般大,长得像水牛一样丑,长着一根又短又粗的角,最喜欢的事情是在沼泽和泥浆里打滚。可是,这形容听起来像……

犀牛。他形容的是犀牛。

也许有人会说(中世纪的确有作家说过)他描述的是一头犀牛不假,但犀牛又称"单角兽"(monoceros),而这个词在希腊语里就是"独角"的意思。行吧。

好消息是,伯特兰东构想出来的叙利亚和亚美尼亚山羊跟你想象的一样,和"独角兽"完全不挨边儿;坏消息是,如果你不相信马可·波罗的证词,那你还得找点儿别的证据来证明独角兽真的存在,好让你继续找下去。

如何找到独角兽

2. 警惕赝品

独角兽的角是中世纪晚期欧洲最热门的商品，相传它不仅拥有魔力，还有药用价值。这也许并不只是传言，你看看这个：洛伦佐·德·美第奇（1449—1492年）愿意花六千弗罗林求购一根独角兽的角。他的哥哥不乐意花这个钱，于是二十四岁那年就被洛伦佐的仇家暗杀了，而洛伦佐却得以善终。与此同时，欧洲的君主们从自身经验出发，决定用独角兽的角完成另一项更为具体的任务。他们将独角兽的角磨成粉末后混入饮料，认为这样可以中和刺客放进饮料中的各种毒药。

鉴于真正的独角兽在中世纪其实并不存在，而中世纪的人们又相信他们拥有的独角兽角是真的，所以你需要提高警惕，提防……骗了他们的造假贩子也来坑你。

行吧行吧，其实关于独角兽角粉末的骗局是很容易避开的，因为这种粉基本上百分之百都是用石头磨出来的。但鉴于你是位英雄，而邪恶大军正在非常努力地试图杀掉你，所以你拿到的独角兽角粉末百分之百是毒药，而非解药。

可洛伦佐收藏的那玩意儿肯定得长得很像独角兽的角吧。如果你是位来自格陵兰的图勒捕鲸专家，想必你已经认出了它的真面目，那东西就是独角鲸的长牙。

严格来讲，这东西就是独角鲸的牙齿（真的）。这些牙又长又细，呈锥形，表面还有螺旋纹路。换句话说，这就是西方艺术家笔下独角兽脑袋上那根角的样子。如果你是个图勒捕鲸人，那你可以靠把独角鲸的牙卖给北欧商人狠赚一笔。

如果你不是图勒捕鲸人，那你得记住，在巴芬湾和洛伦佐所在的佛罗伦萨之间的某个地方，有个人买下了一根独角鲸的牙，然后又打着独角兽角的旗号把它转手卖了出去。

（不，你不能当这个二道贩子。）

3. 找对地方

但换个角度想想，拥有独角兽角的洛伦佐·德·美第奇的确从暗杀行动中捡回了一条命，而他吝啬的哥哥却一命呜呼了。尽管这本质上是一种魔法版的安慰剂效应，但也许犀牛和独角鲸确实跟独角兽非常接近，可以算作"独角兽"了。

还有一个问题，想要安全地接近它们吗？那祝你好运吧，尤其是整个行动中包括需要你在北冰洋里游泳接近那头独角鲸的部分。

因此，在把格陵兰岛和苏门答腊岛从你的非暴力猎场清单里划掉之后，是时候去中世纪世界的其他边缘看看了。具体来说，建议你去1414年之后中国明朝的宫廷看看。那一年，孟加拉的苏丹给明朝皇帝送了一头长颈鹿。

孟加拉，即未来的印度东北部以及孟加拉国西部，最出名的显然并不是广袤的非洲稀树草原，但为了给中国送上这样一份特殊的外交赠礼，孟加拉的苏丹明显大费周章，至少路途很曲折：这头长颈鹿有可能来自阿拉伯的某座皇家动物园，更有可能来自非洲东南部的某个斯瓦希里城邦。

中国人热情地接受了这份礼物，说明孟加拉方的努力没有白费。一个世纪后，长颈鹿的身影依然出现在了奢侈的艺术品中，许多贵族为它吟诗作赋。要想知道它为何如此受人重视，你需要翻阅一下《明实录》。这本书本质上就是一本宇宙级规模的剪贴簿，汇总了跨度接近三个世纪的中世纪及早期中国史。书中只是简单将长颈鹿列为1414年孟加拉进贡的诸多礼物中的一种，其他礼物包括马匹、美丽的布料、当地的美味佳肴等。但这位负责记录的宫廷官员并没有提到"祖剌法"（这是汉语中对阿拉伯语"zurafa",即"长颈鹿"一词的音译),他记录下的是"麒麟"。[1]

在中国的民间传说中,麒麟是一种与好运密切相关的传说生物,(耳熟吗?)关于麒麟的外貌一直以来众说纷纭,(耳熟吗?)但麒麟大概拥有鹿身、马蹄、牛尾、鱼鳞……哦,还有一只角。

的确,麒麟这个名字并不像"独角兽"那样,从字面上就能看出这个动物只有一只角。从中国的古诗词来看,这个名字似乎是"雌麟"的意思,但从人们对它的外貌描述来看,它比犀牛更接近独角兽的形象。

从这件事中可以吸取的第一个教训是,心疼一下那头遭人误会的可怜犀牛(心疼时要记得保持安全距离);第二个教训是,要意识到那个年代的中国人见到了一种新奇动物,然后把它的名字翻译成了一种"独角兽"。

当时的中国人真的相信长颈鹿就是真正的麒麟吗?还是说他们只是在试图用自己的方式理解一头他们并不认识的外来动物?

说到底,事实是怎样其实并不重要(更重要的是,史料压根儿没讲他们到底是怎么想的)。你想寻找的是好运,你想找点儿东西让你分心、消遣,所以你很清楚,你需要的就是这头来到**中世纪中国**的长颈鹿。

---

[1] 关于孟加拉向中国进贡长颈鹿的时间及记载文献,国内说法不同,此处根据原文译出。——编者注

挖宝指南

1544年5月,奥格斯堡。一个高个子女人用剑在泥地上画了一个圈,旁边一位祭司捧着一本书大声念着,手中挥舞着香炉。二人身处的这座小院及旁边的房子为雷吉娜·科赫所有,她非常清楚这里正发生着什么,因为此刻她正和一个朋友站在屋里观看着这一切。那个女人举着蜡烛绕着她画的圈子走了起来,同时将圣水洒在地上。她迈步走到另一个地方,用剑在地上画了几条线,然后一屁股坐在了旁边。

女人大声朗读着自己手中的小书,不断在身前画着十字,然后转向她身后的那群男人,告诉他们时辰已到。这群男人先是背诵了几段《圣经》经文,接着开始挖掘。

补充一些背景知识:在1544年5月的奥格斯堡,天主教徒与新教徒分庭抗礼,很少有地方能如这里一般充斥着对宗教的狂热气氛。接踵而至的是这座城市有史以来最为猛烈的一次猎巫行动,这场行动以一百五十人被处决而告终。鉴于科赫和她的同伴被某个爱管闲事的邻居举报到了市政当局,等待他们的将会是何等可怕的命运呢?

这个高个子的陌生女人在史料中留下的名字是纽伦堡的索菲亚·沃伊特,她被遣送回了家;科赫被关进了监狱,但后来又被赦免了;负责挖掘的工人们被判处了四到八天不等的监禁。虽然法官表面上对此事大加批判,称此事很迷信,更是邪恶的勾当,但从具体的判决来看,他们心里显然没那么想。

无论在中世纪世界的哪个角落，深埋地下的宝藏一直是灰色地带中的一个概念。这片灰色地带的两边是宗教与魔法、科学与仪式、满怀希望的梦想与被黑暗吞噬的灵魂，当然还有神秘莫测的传说与毫无掩饰的贪婪。换句话说，你一开始来当英雄图的不就是这些东西嘛。

宝藏的诱惑力对每个人而言都十分巨大，就算是**永远不会和毫无掩饰的贪婪扯上关系的英雄们**也不能免俗，你也一样。**想都别想**。出身资产阶级的寡妇雷吉娜·科赫就跟你不一样，她请了魔法师在自家后院大肆挖掘，并约定和他们平分发现的所有财宝。相传有一位从印度远道而来的航海家为了寻找金银珠宝深入大金字塔，最终无功而返（这位航海家也跟你不一样，因为真实的历史上可能并没有这号人）。绝望的穷人（历史上真的有这些人）在富裕的开罗人面前苦苦乞求，希望后者能资助他们的探险活动。

即便是安安稳稳地生活在修道院和宗教学校里的学者们也无法抵挡宝藏的诱惑。从伊比利亚半岛到埃及，犹太作家们忙着把用阿拉伯字母写成的寻宝手册转抄成希伯来文。（我之前提没提过寻宝手册这回事？）凯顿的罗伯特（约1110—1160年）是一名英国祭司，他把好几本占星学寻宝手册（看吧？）翻译成了拉丁语。至于那些雇用文盲临时工替自己洗劫金字塔的埃及贵族就更不用提了。

在中世纪的埃及，寻宝已经是一个有组织的正经行当了——这事儿我刚刚是不是也忘记提了？

政府批准的盗墓活动早在古埃及王朝后期便已非常盛行，到中世纪，盗墓活动更是焕发新生：10世纪的盗墓头目甚至成立了某种行会性质的组织，取名为"寻宝者"。这个组织的"行会性质"主要体现在政府可以对他们的收益征税上。

对中世纪的寻宝者而言，地下远古宝藏指的当然不仅是黄金。即便坟墓早已被人洗劫一空，不怕惊扰死者的勇士依然可以靠从木乃伊身上刮下的碎屑大赚一笔：欧洲人对木乃伊粉的狂热程度不亚于他们对远东香料的追捧。除此之外，记载了古老魔法的书籍可以为日后更多的寻宝行动指明方向，因此也算得上是宝藏。

不过并不是所有的地下远古宝藏都很"远古"，它们甚至未必来自"地下"。信仰各种宗教的埃及精英之间会大方地互赠华贵的礼物，他们家中陈设的名贵藏品甚至更多。自然，没过多久，人们就开始悄悄八卦这些惊人财富究竟来自何处。

中世纪的寻宝活动成功率很低，死亡率却很高。就算是那些敢于嘲笑魔鬼的勇敢者也有可能死于人类设下的陷阱。在巴格达迪的怀疑论者阿布·巴克尔·亚萨斯讲述的故事中，有一段楼梯守卫着一座神庙与一座坟墓，假如有人登上这段楼梯，就会触发一系列杠杆机关。机关会向倒霉的寻宝者发射藏好的刀片，砍掉他的脑袋。

因此，在出发寻找埋藏在地下的宝藏之前，请务必认真挑选魔法护身符与占星术工具。你可以遵照本·哈吉·提尔姆萨尼·马格拉比的建议，选择一条快速（且虔诚）的捷径穿过有可能暗藏诅咒的水域：把《古兰经》中的特定经文抄在一张魔法表格里，每个格子里各写一个词。

或者，如果你真的有决心，你也可以遵照马格拉比的另一个建议去做：在连续祈祷四十七天，并且战胜一个由狮子陪伴的鬼魂、一个长着狗头的人类鬼魂以及七十个身着绿衣的鬼魂之后，你会看到一座在山顶熠熠生辉的白城。你要前往白城门口的绿色丝绸帐篷，找到帐篷里的金色宝座。

这时，一个名叫陶乌斯的男子会出现在你面前，他的身旁有七十名身着白衣的男人，他的头顶有善良的精灵，也有邪恶的精灵。向他呈上

挖宝指南

焚香，他会将其点燃，而白衣男子会进食焚香的烟雾。完成这些步骤后，你终于可以向陶乌斯索求你寻找的秘技了，但务必要注意措辞准确："陶乌斯王啊，我向你请求转动岩石、开启山洞和房屋的秘密，以及我想要的一切。"[1]

从那一刻起，只要你念出咒语、只要有焚香的烟雾供他们食用，陶乌斯王就会命令他手下的善恶精灵随时听你命令，打开你想要开启的任何东西。这样世上一切隐藏的瑰宝奇珍就都能归你所有。现在只剩下一个问题了，你要付出什么代价来换呢？

最聪明的中世纪学者坚称，人类的语言是不能约束鬼魂和恶魔的。恶魔允许人类使用咒语、施展法术，是为了暂时给人一种拥有力量的幻觉，它们真正的目的是逼迫想要成为巫师的人听从自己的命令。问问那个踏进科赫家后院圆圈里的高个子女人就知道了。在奥格斯堡那次事件发生的约两百年前，一名西班牙祭司发明了一套自己的仪式，直截了当地展示了究竟谁才是真正说了算的老大："在地上画一个圆圈，表示对所召唤恶魔的尊敬、崇敬或崇拜；让一个男孩进入圆圈；在男孩附近放上镜子、剑、容器或其他小物件，死灵法师手持咒语书，朗读咒语，并召唤恶魔。"[2]

在地上绘制魔法圈并大声朗读死灵咒语的德国巫师们以为自己获得

---

1 Okasha El Daly, *Egyptology: The Missing Millennium: Ancient Egypt in Medieval Arabic Writings* (UCL Press, 2005), 36–37.

2 Michael Bailey, "From Sorcery to Witchcraft: Clerical Conceptions of Magic in the Later Middle Ages," *Speculum* 76, no. 4 (2001): 972. I discuss the parallel in Cait Stevenson, "The Necromancer, the Inquisitor, and the Hunt for Buried Treasure in the Late Middle Ages," *Medieval Studies Research Blog*, University of Notre Dame, October 16, 2020, https://sites.nd.edu/manuscript-studies/2020/10/16/the-necromancer-theinquisitor-and-the-hunt-for-buried-treasure-in-the-late-middle-ages/.

了寻找宝藏的超自然力量，而西班牙祭司直接承认，施放这个法术的人就是在崇拜恶魔。

因此在你动手开始挖掘宝藏之后——我是说之前——问问自己：那天在雷吉娜·科赫的后院**究竟**发生了什么？你真的准备好面对真相了吗？

如何扑灭大火

相传，464年，有一位老妇人失手掉了一根蜡烛……大火的确将君士坦丁堡城中的大片地区烧成了平地。532年，一场战车比赛引发了骚乱……这场骚乱引发的大火将君士坦丁堡城中的大片地区烧成了平地。这已经是第二次了。1203—1204年发生的一系列火灾虽然只烧毁了君士坦丁堡不到三分之一的地方，但基本上已经为拉丁入侵者征服整座城市创造了先决条件。

当然，人们的生活离不开火。在中世纪，明火更是人们别无他选的必需品。但只要有一只英国鸡一爪子踢翻了放在普通稻草地面上的某根蜡烛，那整座古老城市的居民就都会度过一个"热情似火"的夜晚。

除非中世纪的人们挡住了大火的去路。

他们的确这样做了。你也会这样做的。

幸运的是，他们留下的灭火指南看着还挺眼熟。

⚜ 1. 宵禁

冷不冷的先放一边，你觉不觉得晚上睡觉前还要先熄灯这事儿很烦？圣女阿格尼斯·布兰贝金（死于1316年）显然深有同感，但她还是尽职尽责地从字面意义上遵守了维也纳的宵禁制度。宵禁，即"curfew"，这个词来自中世纪法语和英语中的"cuevre-feu"，指的就是晚上必须"盖上火种"（cover fire）的时候。可不能在无人看管的时候让明火继续燃烧。

2. 分区法

铁匠作坊的旁边是木匠开的家具铺子？这可不行。人们可以从城市的街道名称中看出，以前从事各行各业的工匠的邻居们也都是他们的同行。伊斯兰教的神学家们非常希望这种区划规则能够被写进法律，但很遗憾，管理城市的并不是这群神学家。有些手艺人比其他行业的工匠更擅长抱团，但大多数人最终还是自觉分出了穷人区和富人区。因此，到1500年前后，你就会看到类似奥格斯堡的"面包师巷"这样的街道。尽管顶着这个名字，但这条街上每三栋房子里就有一栋是酿啤酒或是卖啤酒的。

3. 建筑法规

"整条街都着火了！"听到这句话，你脑内浮现出的画面也许是一排正在燃烧的建筑物。但你想错了。在中世纪的欧洲，这句话指的可能是街道本身着火了，如果这座镇子是用木板条铺路，那出现这种情况更是大有可能。1476年，挪威的一座城市因为这一点而吃了大亏。他们吸取了教训，开始在原本的木板路面上铺设碎石。为了应对建筑物内部着火的隐患，大马士革希望每座建筑物都能配备石砌烟囱。这座城市甚至愿意掏钱给城中最大的市场加盖石头围墙与屋顶。

与此同时，许多欧洲人用茅草做屋顶，因为在他们眼中，茅草最著名的特性就是"永不起火"。

4. 灭火器

中世纪的各个地方基本都有这样一条要求：人们应当在门口时刻准

备一桶水。鉴于铁匠铺更容易起火，而木匠铺更容易着火，开罗城在1321年规定，铁匠和木匠们必须在自己的店铺门口放**两桶水**。

当桶里的水用完之后，绝望的居民们就会转而祈求神的帮助。在君士坦丁堡464年的那场大火中，希腊基督徒们祈求上帝宽恕他们遗忘了主保圣人的罪过；开罗的居民们逃向清真寺，爬上宣礼塔，他们哭喊着，祈求神的支援。

5. 遏制火势

一栋正在熊熊燃烧的房子也许已经回天乏术，但你也许还有时间拯救一下隔壁那栋。在中世纪晚期的纽伦堡，人们会爬上梯子，向邻近房屋的各层泼水，但这是最理想的一种情况。来自大马士革等地的人们会试图拆掉芦苇铺设的屋顶，防止火势进一步蔓延，这种应对措施显然更加常见。除此之外，无论是在英国还是在埃塞俄比亚，人们有时会干脆把邻近的整栋房子直接拆掉，哪怕它们其实建得相当坚固，足以在原址上矗立数百年之久。

6. 消防员

中世纪城市里的一场火灾很快就会演变成吞没整座城市的大火。在中世纪的大部分时间里，对中世纪世界的大部分地区而言，招募消防员靠的是人们面对火灾时当场做出的决定，要么是"这次我不希望我的房子被烧成平地"，要么是"这次我还是收拾细软跑路吧"（巴格达迪的学者们在1117年救下了他们的图书馆，他们是真正的英雄）。

叙利亚和意大利的一些城市中有一些自发组织而成的年轻男子团体（帮派？），他们也许是城中任何地方起火时都会出动的消防员，也许是背上放火这口黑锅的替罪羊。他们是叛逆少年还是政治信仰坚定的民兵？后世的作家们对此显然各有各的意见。

到15世纪，德国各个城市在这方面已经有了不小的改进。纽伦堡以城市的八个区（……城市确实是变大了）为基础划分了消防和防御单位，地方的消防队长会给每一名身体健全的成年男子都分配具体的灭火任务。城市会对率先赶到火灾现场的单位及个人给予奖励，这大概才是这个系统成功运转的秘诀。

7. 水

中世纪的水利系统……其实还是挺不错的。鉴于建在山顶的德国城堡没有流动的水源可以使用，那里的人打了非常深的井，还为地下水库研发了基本的过滤系统。意大利丘陵地区的城市居民学会了在城市周围的山坡上水平打洞，从地下的含水层中取水，从而省去了将水抽上山的麻烦。

不断扩张的城市意味着供水范围也必须增加，利用税收修建供水管道系统显然是解决这个问题的好办法。欧洲那些最古老的城市甚至可能还能使用从罗马时代继承来的供水管道系统。与此同时，也门、叙利亚和西班牙的工程师也在忙着研发全新的灌溉系统，城市也可以利用这套系统供水。虽然人们依然喜欢自家挖的私人水井，但到13世纪，每一座现代城镇都希望拥有一套铅制、黏土制或是木制的供水管道。

8. 消防栓

对纽伦堡消防队中那些受富人雇用、替他们灭火的下层工人而言，"要饭的不嫌饭馊"这句话说得可再直白不过了。拿这句话来形容他们的用水来源也很合适。按照要求，公共澡堂必须提供水。（这水疗服务是不是很到位？）水井虽然有用，但效率不高。弗莱堡和苏黎世两座城市更是鼓励人们用污水来灭火，对水进行二次利用。

但最棒的还是喷泉。

的确，在中世纪的文献资料中，"喷泉"指的可能只是一根将水排入某种沟渠的管道。而在灭火时，这种"喷泉"和更大的喷泉一样有用，人们灭火时也不会多加区分。但1343年的锡耶纳城可不会为一根管道能接入新蓄水池而举行盛大的节庆活动。城中的居民们正在庆祝城市广场上一座大型豪华喷泉竣工，人们甚至一度用一尊古老的维纳斯雕像装饰这座喷泉。德国的戈斯拉尔城在其12世纪落成的喷泉顶端安置了一只青铜鹰——鹰在古罗马和中世纪都象征着力量、帝国和重生。位于亚琛的一座宫殿里也有一座华丽的喷泉，外形是一枚青铜制成的松果。其实，松果是古罗马和中世纪时期另一个象征复兴的符号，但你会发现皇帝们总是更偏爱鹰这个符号。

9. 消防水带和消防车

不管水来自哪里，想把**足够多的**水运到火场，基本上只有两种方法：要么把水桶搬到手推车上运走，要么自己把水桶提过去（还记得纽伦堡的富人会花钱雇穷人替他们灭火吗？那些收了钱的人就是干这个的）。

10. 水气球

没错，梯子在救火时非常实用；没错，水桶相当好使，而且可以反复使用。但把灌满水的陶罐扔向着火的房子，这样既能灭火，又有陶罐摔得粉碎的减压画面可看，不是更棒吗？真的，这可太棒了。

劫后余生

当人们眼睁睁看着一整片街区被烧作灰烬，或是竭力想要阻止悲剧发生时，他们也许没空想到松果在异教中的象征意义。第二天他们或许也没空想起这事儿，因为他们在忙着为自己失去的东西（全部家当）而哭泣，忙着八卦到底是谁放的火（当然，肯定是老妇女或者犹太人干的），忙着抱怨有人趁火打劫（现在这帮熊孩子啊）。

但14世纪50年代，纽伦堡将城中的犹太人赶进了城市里完全被火烧毁的一片地区。自1340年这里发生了一场大火之后，没有人敢涉足此地一步。最终的结果呢？犹太人在这里建立起了一个繁荣的社区，里面甚至还有犹太洁食肉铺。

想想你手里拿着的这颗苹果。没错，苹果可能会让人联想起"亚当和夏娃吃了苹果后释放出了各种邪恶"的故事，这确实是个小小的问题。但苹果个头小，耐储存，适合做旅行干粮，更适合做成美味馅饼。而且，如果你手里的这颗苹果摘自某座城市的果园，那结出它的那棵果树很有可能就是在某座毁于大火的房子的灰烬中生长起来的。大火摧毁了财物与家园，但它永远无法打败此地的生灵。

如何召回古神

传说中的盗墓者利德万·法拉斯和你都清楚一件事：神灵这种东西，死得越透越好。

这个想法和神灵是否真实存在无关，也和某一宗教正确与否无关。当代宗教是你们村子里的人才会相信的东西。更糟糕的是，当代宗教是你**爸妈**会相信的东西。但英雄们就是要与主流抗争。英雄们接触的是过往岁月的秘密，是那些被宗教摧毁、被信众抛弃而遭到放逐的神灵，是最深层的真理，这些真理比与你同时代的人相信的任何东西都更有力量（或者只是更酷）。一次正经的英雄冒险唤醒了神秘的神灵，英雄成功获得了他们的神力。

剧情就应该是这样的，对吧？

当法拉斯和他的朋友们跨过吉萨大金字塔的门槛，踏入透着凉意的黑暗中时，他们肯定知道这一点，至少法拉斯是知道的。鉴于金字塔就是不愿意向他们展示金银珠宝的所在之处，他的朋友们知难而退，转身回到了平淡的世俗世界。但法拉斯不愿意。他独自前行，手中的火把在大金字塔内狭窄的通道上忽明忽灭。他的朋友们最后一次听到他的声音时，他发出了一声惊恐的尖叫。

然后他从墙里凭空出现，浑身鲜红。

法拉斯用一门他根本不会说的语言，即金字塔建造者的语言，向他们喊话，警告他们不要再向深处走了，所有扰乱金字塔安宁的人都将和他一样，承受永生永世的惩罚。然后，法拉斯慢慢沉入地下，从此再也没有人见过他。

你确定你现在还想把古神召唤回来吗？可别说我没警告过你啊。

策略一：利用金字塔

建造金字塔的究竟是古代的人类还是某种超自然的力量？不管建造者是谁，法蒂玛王朝显然都很想充分利用金字塔。这些强大的统治者（909—1171年）在开罗建立了他们的新首都，河对岸就是吉萨和金字塔群。他们选择在伟大金字塔的阴影下开启自己的统治，坐拥古代的魔法、宝藏与隐藏的智慧。法蒂玛王朝的哈里发与他们的继承者们复活了古神，但只是为了点缀自己的威严。

个别统治者为"点缀威严"给出了更有创意的定义。阿布·哈桑·穆尼斯（死于933年）为第一个爬上大金字塔塔顶的人提供了赏金。两百年后，法蒂玛王朝在吉萨金字塔群周围举办了大规模的夜间派对。一个世纪后的马利克·卡米尔更是青出于蓝而胜于蓝，他不仅举行了爬塔比赛，还举办了巨型派对。显然，这些统治者很清楚，和被诅咒的埃及木乃伊以及古墓有关的迷信几乎没完没了，法拉斯的悲剧故事不过只是其中一部分罢了。

但从另一方面看，法蒂玛王朝的所有这些哈里发都会确保尼罗河能始终安全地将他们的宫殿与吉萨分隔开来。想让古神显得有存在感又不至于真的回来兴风作浪，开派对和与它隔河相望显然是两个很不错的办法。

后继王朝的统治者显然会嘲笑法蒂玛王朝的哈里发。他们会说，你是不可能把古神召唤回来的，趁早放弃吧。这些统治者认为他们可以超越金字塔的雄伟威严，于是他们掠夺了金字塔的石头，用来修造建筑。

伟大的苏丹和军事将领萨拉丁（1138—1193年）因颇具骑士精神且以慈悲为怀而深受爱戴，连被他打败的基督徒都爱戴他。萨拉丁下令摧毁了吉萨的几座小金字塔，毕竟用现成的石材比找人重新开挖更容易，也更实惠。后世的统治者也效仿了他的做法。曾经让拜访吉萨的游客们惊叹不已的宏伟石质立面就这样被一代代贪婪的统治者一块块地拆除了。

但另一方面，金字塔并没有在外来的破坏者面前屈服。相传萨拉丁的亲儿子曾经花了八个月的时间，斥资一万二千第纳尔，试图在吉萨幸存的某座较小的金字塔上重现他爹的伟业，然后失败得彻彻底底。

破坏公物显然不是召回古神的好办法。

策略二：离他们远远的

开派对，掠夺，寻宝者在塔里大肆搜刮，涂鸦艺术家在塔外敲敲砸砸。金字塔周围还能有什么呢？

鬼故事。还可能有鬼故事。开罗人每天都在用鬼故事吓唬彼此，故事里有黄金神像守卫着上锁的房间，有坟墓藏在七扇镶嵌着宝石的大门后面，还有刻满天书般文字的墙壁，而这些文字泄露了世上所有的秘密。

来访的犹太人和基督徒借用了当地人的文化，将其加入了他们自己的传说。中世纪欧洲最畅销的旅行指南《曼德维尔游记》（*The Travels of John Mandeville*）提醒读者，金字塔是《圣经》中的英雄约瑟修建的筒仓（一个小问题：历史上很可能根本就没有约翰·曼德维尔这号人，因此他可能根本没去过埃及）。

但这本书真正的作者以这名骑士叙述者所谓可信的语气低声说："某些人说，（金字塔）是伟大帝王们的陵寝，他们曾生活在某个时代。"他补充说，那些墓穴里都是蛇。没错，必须是蛇——想吸引读者，还有什么比由爬行的邪恶造物看守的古代坟墓更合适的呢？

写同人文也许是个召回古神并让他们俯首听命的好办法，又或许是一个让你连试都不想试的原因。

策略三：解读金字塔

没错，冒险故事是很精彩，但还有很多真实存在的旅行者，他们来自中世纪世界各地，成功抵达了埃及，亲眼见到了金字塔，而且他们也有很多话想说。

他们的作品本应向我们好好介绍一下伊斯兰教、犹太教、基督教、印度教和柏柏尔人原始信仰之外的灰色地带，那片由难以言喻的超自然力量控制的领域。在游客们的描述中，吉萨和塞加拉的金字塔宏伟得不可思议，是世界上最伟大的奇观。显而易见，金字塔的建造者也修建了吉萨的狮身人面像。它显然是某种神像，用来阻拦不断向前侵袭吞噬的沙漠。

但这些旅行作家不可避免地剥去了神秘主义的面纱。大多数人重复着老生常谈的理论，认为金字塔实际上是储存粮食、应对饥荒的筒仓——《塔纳赫》《圣经》和《古兰经》中都提到了这些筒仓。而穆斯林旅行者则坚持认为，金字塔外立面上那些让人看不懂的诡异文字只不过是在用另一套字母解释伊斯兰教罢了。

一些受教育水平略高的游客宣称金字塔是为（真的）亚里士多德和亚历山大大帝修建的陵墓。15世纪的意大利拉比米舒兰·本·梅纳赫姆甚至大胆地称金字塔其实是藏宝室。对此，他给出的解释是他可以在开罗的路边买到来自金字塔的纪念品（或伪造的纪念品）。

不管用什么方式，一个又一个游客对金字塔提出了自己的解读。但不知道为什么，在他们的解读中，这些神秘的纪念碑不过是他们习以为常的历史与宗教世界中普普通通的组成部分,跟古神并没有什么关系。

有本名叫《揭示金字塔秘密的形式高尚之光》(它真叫这个)的书应该对得起它的名字。[1] 这本书的作者阿布·贾法·伊德里西(死于1251年)对约瑟和饥荒储备粮的故事不怎么感冒,至于亚里士多德命令人们给亚历山大大帝和他自己修建金字塔的理论,他更是表示怀疑。

伊德里西更倾向于另一种理论:金字塔保存了从灾难中幸存下来的古代智慧。"神秘智慧"和"末日"这俩关键词一出,就让这个理论听起来已经是一个很值得用"形式高尚之光揭示"一下的想法了,但更精彩的还在后面呢。下令修建金字塔的是古巴比伦的智者赫耳墨斯·特里斯墨吉斯忒斯,世上全部知识之主。如果承载的不是失传已久的古老智慧,象形文字还能隐藏什么秘密呢?如果不是为了让这些知识能够在比没能击沉挪亚方舟的大洪水更凶残的灾难中幸免,又为什么要选择用石头砌成的金字塔作媒介呢?

但《揭示金字塔秘密的形式高尚之光》也不是那种"水晶治疗式文化挪用"的读物,更像是一部神学专著。早在伊德里西之前,穆斯林神学家就在《古兰经》中将赫耳墨斯·特里斯墨吉斯忒斯这个神话人物变成了穆罕默德的某个祖先(虽然名字不一样)。他的确很特别,但也就只是一个宗教人物罢了。特里斯墨吉斯忒斯的神秘知识是占星术和炼金术,虽然听起来相当神秘且玄妙,但实际上也只是两门普普通通的中世纪科学。《揭示金字塔秘密的形式高尚之光》这本书的确很有原创性,让人印象深刻,但也只不过是世俗的教诲。

用教科书来召回古神实在是相当无聊,哪怕书名起得再好也没用。

---

[1] 书名翻译来自 Martyn Smith, "Pyramids in the Medieval Islamic Landscape: Perceptions and Narratives," *Journal of the American Research Center in Egypt* 43 (2007): 1.

策略四：不要解读金字塔

然而，还有另外一种理论在流传，伊德里西试图掩盖它的存在，其他人也鲜有敢提起的。这个理论和伊德里西的观点有一点很一致：金字塔能一直存在到世界末日降临的那一天，也会一直存在到那一天。

但另一方面，这个理论用不到占星术，用不到炼金术，也用不到顶着任何名字出现的"特里斯墨吉斯忒斯"。相反，它在低声告诉我们，无论是现在还是将来，我们都无法知晓金字塔建造者的秘密。我们永远不会知道他们知道什么，我们永远不会知道他们是谁。尽管他们留下了如此恢宏壮观的纪念碑，但他们还是消失了。

这就是为什么中世纪的人们会在金字塔下狂欢，在金字塔中洗劫，对金字塔的存在给出各种各样的解释，可唯独不愿意承认它们诞生于未知的神灵或人类之手。这些伟大的纪念碑历经风霜，在彼时彼刻依旧矗立在他们面前。它们是人类专业知识、手工技艺与荣耀的见证，向中世纪作家们展示了他们在自己的时代见所未见的技术高度。

然而，即便是世界上最伟大奇观的建造者也会消失得无影无踪。即便人们敢于创造意在永存的纪念碑，也同样会在历史的长河中化作尘埃。在沉默中，金字塔无声地宣告："你同样将化为齑粉。"

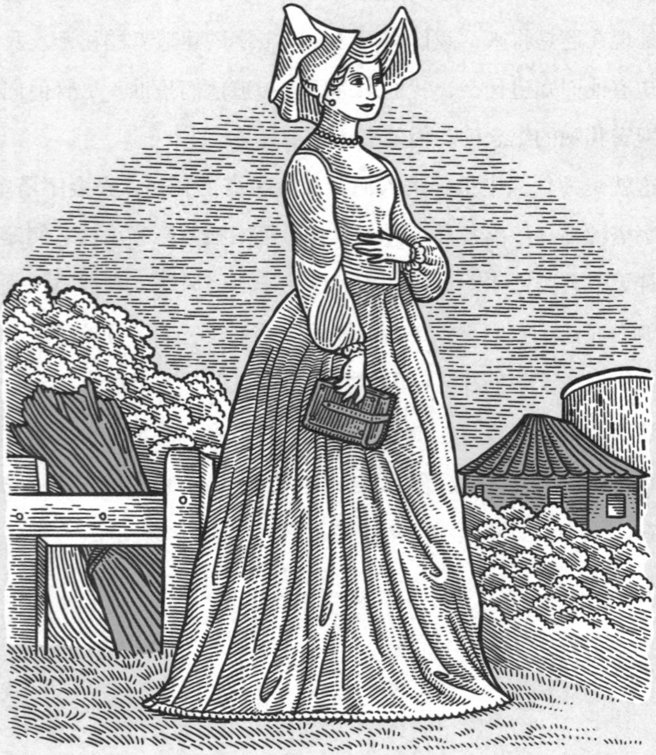

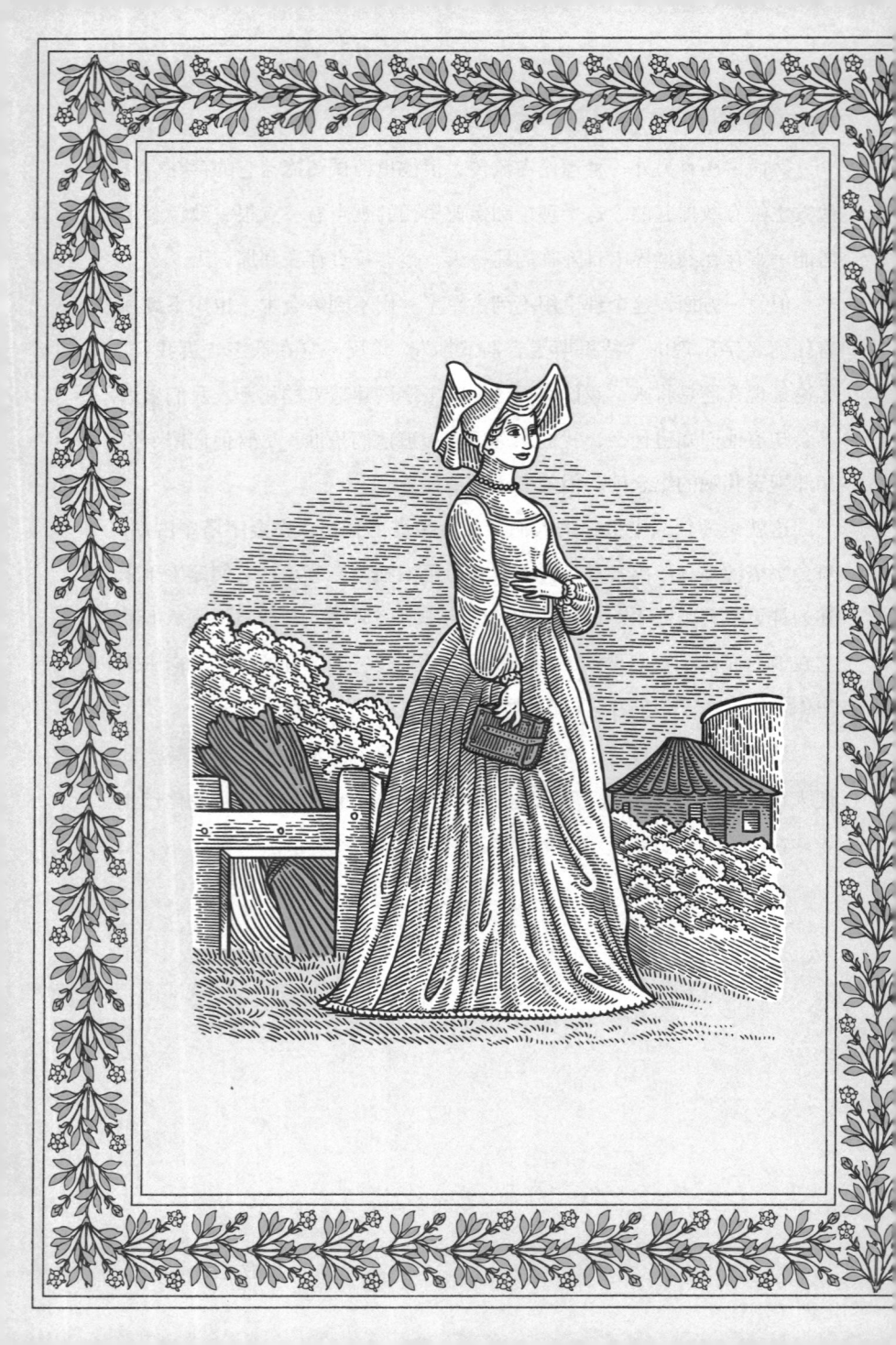

战场告捷

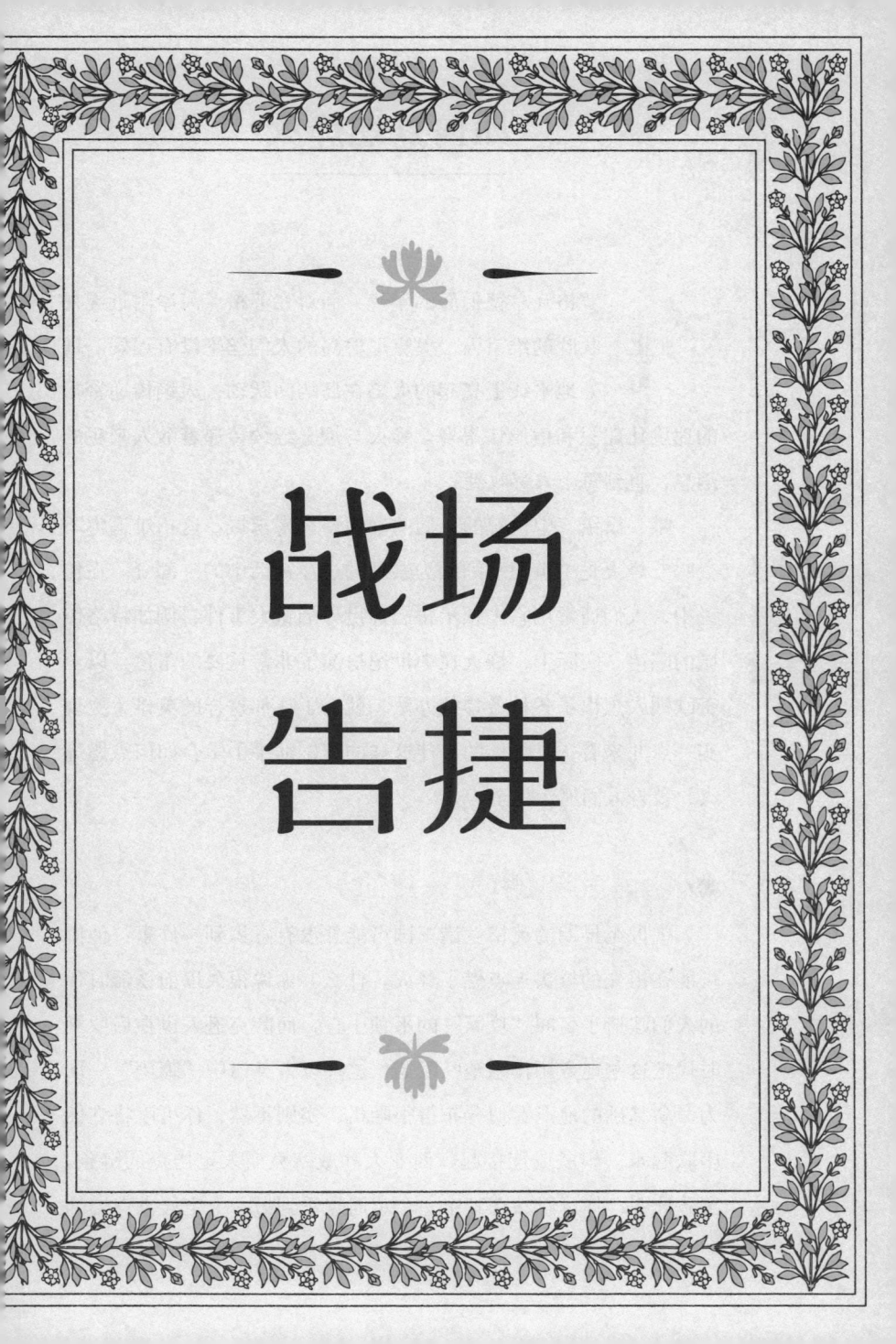

如何点燃烽火

在罗格瓦尔德伯爵的年代，面对在苏格兰海岸附近虎视眈眈的维京人，奥克尼群岛的人们丝毫没有迟疑。远处地平线上亮起的火焰在岛屿间跃动，火焰传递警报的速度比船只和信鸽快得多。烽火与烟雾继续传递着敌人来犯的消息，直到每个人都收到。

哦，没错，中世纪的人们的确用烽火来求援。这招难道你不会吗？烽火是中世纪欧洲颇为崇拜的过往神话中的一部分。在传说中，人们通常用它来预示将震惊世界的重大事件，例如特洛伊城的陷落。实际上，烽火在中世纪扮演了非常重要的角色，以至于欧洲人想出了各种各样的办法，就为了让你这样的英雄（更现实一点儿来看，是像你的旅伴这样的英雄助手）学会如何点燃烽火，警告人们厄运将至。

1. 语言学（我是认真的）

中世纪早期的英格兰诸王国可能并没有意识到一件事：他们可能在祖先的坟头上点燃了烽火。什么？你说很久以前铁器时代的人们建造了名叫"坟冢"的平顶土丘，而萨克逊人也在后罗马时代把这些地方用作墓地？没错！这些以古英语中"瞭望"一词为命名基础的地点看似分布得很随机，实则不然，你可以将它们串联起来，串联成连接起默西亚人和威塞克斯人定居点的链条。实验证明，你可以站在其中一个定居点看到另一个定居点点燃的烽火和浓烟，这更说明它们的分布其实并没有那么随意。

2. 法律

阿拉贡、葡萄牙以及其他各个在西班牙边境激烈互殴的王国很快确立了两条最基本的征服法则：占领土地最好的方法是让人们搬到那片土地上生活，而窃取土地最好的方法是屠杀或奴役在那片土地上生活的人们。这些搬来搬去的人则懂得了一件事：烽火可以有效降低他们被屠杀和被奴役的概率。从11世纪到13世纪，城镇立法时越来越明确地告诉居民，当骑马抵达的信使带来城镇或城堡受到威胁的消息时，他们至少应该做到什么。

你是镇上的守夜人？很好，在瞭望塔顶点燃烽火，确保教堂敲响大钟。你是看见烽火的普通村民？如果你赶到城堡大门口的速度足够快，城堡里甚至还能装得下你家的一些牲口。但对那些最不走运的人而言，他们只能在二十四小时之内带着自己本人和武器前往最近的一座城镇或是民兵营，因此他们很有可能丢掉性命。只有二十四小时……有时甚至只有十二个小时。

所以，如果有人跑进你家院子，大喊着"阿拉贡的烽火已经点燃了"，你最好还是抓起剑快跑吧。

3. 编年史

中世纪的编年史作者往往以叙述他们击退从水路来犯的敌人为荣，但叙述的可信度则……各有千秋（专业人士提醒：提供地名通常会让你的叙述更可靠一点点）。查理曼大帝的孙子在编年史中随口讲述了他非常聪明的爷爷在塞纳河边设立了烽火台，这样一来，提醒敌军来犯的警报就会比敌军乘坐的船只更快来到巴黎。一个可能名叫埃尔努，也可能不叫埃尔努的人描述了十字军东征时期叙利亚的一套烽火台网络,他可能亲眼见到了这套网络,也可能只是道听途说,但这套网络真实存在。它以大马士革为中心向外辐射,通过这套网络发出的警报可以唤醒整个国家。

或者把编年史放到一边,来看看拜占庭的军事手册吧。虽然手册中有些建议偏重理论而且已经过时,但另一些则提到了10世纪的一条烽火链。这条烽火链长达数百英里,从北面的君士坦丁堡一直延伸到叙利亚边境附近的托罗斯山脉。考古学家已经找到了证明这条烽火链真实存在的证据。

4. 抱怨

在英国国王爱德华三世统治时期(1327—1377年),那些,你懂的,真正不得不坐在烽火台上上班的人和你一样,对这份工作"充满热情"。信件、规定还有其他各种各样用羊皮纸写成的文件在各方之间飞来飞去,只是为了保证有人能在必要的时刻点燃烽火。

好吧,好吧,海岸边上的一座烽火台想要正常工作其实只需要四五个人,最多六个人。对警报做出回应的军营只要能看见火光就行了。木材受潮了?别找借口,改用沥青做燃料吧。

不,黑死病也不能让你居家办公。没错,我不骗你,你们所有人都要应征入伍。而且,只要法国人还在对岸,你们就得搬到海岸附近守着(法国海军是很菜,但这并不重要)。

但是,恰如你所料,真正在抱怨沿海烽火系统的正是那些必须掏钱建烽火台的人(他们的抱怨是证明这个系统存在的最有力的证据),而且是**每一个**必须掏钱的人都在抱怨。举个例子,我们有"别让我们掏钱了"(坎特伯雷版)、"别问我们要钱了"(德文版)、"别喊我们送钱了"

（肯特、苏塞克斯、巴德莱、萨里及议会联名版）。显而易见，英格兰真正的问题在于"有代表，还纳税"[1]。

※

当然，即便你不是烽火台上那些"一片大海看一天"的人，烽火台系统也还是有它的缺点。北欧萨迦的作者们创作的故事游走在真实历史与虚构传奇之间，而他们显然也设想出了烽火系统的很多弊端。他们笔下的人物要么设计了假警报，要么深受假警报之苦；触发这些假警报的可能是精心谋划的维京人，也可能是普普通通的渔民。然后，他们开始大打出手，争论谁该为假警报负责。

除此之外，这个系统可能还有其他问题：烽火台上的木头用完了，但你没时间补充；烽火台上的木头用完了，但你没钱补充；烽火台上的木头没用完，但敌方派人来搞破坏，用水泼湿了所有能用的木头，于是烽火台上点不着火了。一名萨迦作者试图对维京人某次入侵成功做出解释，他坚称是因为烽火台上的守卫一心想着认真观察东方地平线上是否有烽火燃起，才忘记了……也往西边看看。

但有些时候，来捣乱的是整个宇宙。1346年12月，爱德华三世终于放弃了。他让驻守在海岸边的人们各回各家，原因很简单：英格兰的天气是真的很烂。

---

[1] 此处原文的"taxation with representation"是对美国独立战争时期的口号"无代表，不纳税"（No taxation without representation）的恶搞。——译者注

如何拯救公主

❀ 关于公主

　　鉴于真正的公主往往在是否需要被拯救这个问题上（以及是否需要你来拯救这个问题上）有自己的想法，你大概需要多找几个人寻求指点。所以，你要听好了。

　　让我们先从一条你可能不需要的建议慢慢开始。中世纪你唯一不想靠近的地方只有一个：拜占庭帝国的宫廷。那我们案例中的这位欧芙洛绪涅公主出生在哪里呢？拜占庭帝国的宫廷。

　　她的母亲玛丽亚在人设方面显然更接近童话里的公主。玛丽亚的父亲来自安纳托利亚北部的农村，是个心地善良但有些笨拙的人。788年，（相传）她因美貌而被选中前往帝国首都君士坦丁堡，（据说）去争取获得皇帝君士坦丁六世的青睐。

　　君士坦丁六世之前的订婚对象是查理曼大帝的女儿（对，就是那个查理曼大帝），但他（也可能是他的母亲伊琳娜）最终却选择了出身于落后省份的无名贵族的女儿做皇后。婚后，皇帝夫妻很快有了两个女儿，即欧芙洛绪涅公主和她的妹妹（与祖母同名）伊琳娜公主。

　　对所有人而言，不幸之处在于作为皇帝的君士坦丁六世是这样的：

♦ 打了一大堆败仗；

- 必须靠弄瞎并阉割政敌才能维持自己的统治;
- 和玛丽亚离了婚,并且放逐了前妻和自己的两个亲生女儿;
- 娶了自己的情妇;
- 被自己的亲生母亲弄瞎了双眼,并遭到废黜;
- 声名狼藉到没人在乎他是哪一年去世的。

拜占庭的宫廷政治,猛啊。

这样看来,玛丽亚的白马王子实在是不太童话。795年,她和两个尚处于幼儿园年纪的女儿都被悲惨地放逐到了某座岛上的修道院里——这可真是**如假包换**的大团圆结局算不上童话故事应有的美好结局呢。因此,是时候让玛丽亚和君士坦丁六世的大女儿,我们真正的女主角欧芙洛绪涅公主登场了。

呃,在她登场之前,先发生了这些事情:

- 君士坦丁六世的亲生母亲弄瞎了自己的儿子,之后废黜并放逐了他;
- (时代背景小提醒:这会儿麻醉剂还没发明出来呢);
- 尼基弗鲁斯一世废黜并放逐了当时的伊琳娜女皇;
- 尼基弗鲁斯一世挫败了一场政变阴谋;
- 尼基弗鲁斯一世某天在战场上失去了理智……然后失去了脑袋;
- (换个角度想想,麻醉剂有时候也不是很有用);
- 斯陶拉基奥斯登基了,在位时间两个月整;
- 米海尔一世废黜并流放了斯陶拉基奥斯,且有可能暗杀了后者;

- 利奥五世废黜并流放了米海尔一世,但放过了后者的眼睛和器官;
- 为了防止未来可能出现的叛乱,利奥五世阉割了米海尔一世的儿子们;
- (但有些时候你真的很需要麻醉剂)。

还有这么一段剧情:利奥五世认为自己的文韬武略足以让他有资格对基督教本身进行大刀阔斧的改革,而这场改革让一大堆拜占庭贵族一夜间都变成了异教徒。但这都是无关紧要的小细节。

所以,现在是820年。前皇后玛丽亚,也就是**先先先先先帝**的前妻,此刻还被关在修道院里,而且一肚子火气。二十五岁的欧芙洛绪涅公主迄今为止的人生几乎都是在修道院里度过的。

现在,在经历了五任皇帝、一任女皇和两名登基未遂的篡位者之后,这位公主已经准备好被人拯救了。

关于王子

鉴于我们的故事与真实的童话故事恰恰相反是个童话故事,未来的米海尔二世(770—829年)最开始有可能只是个没有受过教育的农民。更妙的是,他可能从属于一个被礼敬圣像派和毁坏圣像派同时嫌弃的教派(能被两派同时嫌弃确实是一项需要一定努力才能完成的壮举,但对这个教派的信徒而言,这实在是没什么好结果)。

根据记载,米海尔加入拜占庭军队只是为了履行家庭责任。他有语言障碍,没有受过正式教育,入伍之前更没获得过一官半职,但这些都没能阻止他靠着勇敢和技巧在战场上脱颖而出。8世纪90年代,他在大将军利奥的照顾下,在军队中平步青云。

如何屠龙:中世纪英雄冒险指南

自然，米海尔和利奥确实决定要蹚一蹚拜占庭宫廷政治这摊浑水。但不知为什么，作为亲密同党的两人竟在十几年的帝国政治斗争中全身而退。你大概也猜到了这段剧情是什么走向。813年，利奥登基为利奥五世，为后代赢得了皇帝的宝座，并提拔了米海尔，让他担任帝国政府最高的职位之一。此刻的米海尔还没有做好准备去拯救别人，但他离目标又近了一步。

820年，这对师徒之间的暖心剧情终于走到了你期待的血腥而悲惨的结局。米海尔花了几年的时间，背着利奥五世建立起了一支属于自己的武装派系。直到820年的最后几个月，利奥五世才发现他的密谋，将他关进了任何人都有去无回的死牢。

而带头策划谋杀利奥五世的主谋竟不是别人（也有可能是别人），而是他的妻子，他最亲爱的狄奥多西亚。她说服利奥五世推迟处决米海尔，这就给了米海尔的部下足够的时间杀死皇帝。在教堂里。礼拜中途。**圣诞节当天。**

不管狄奥多西亚是不是这次蔑视圣诞节行动的主谋，帝国王冠无疑是那年米海尔送给自己的圣诞礼物。为了感谢狄奥多西亚对帝国的贡献，他只是阉割并放逐了她和利奥五世的儿子，并没有处死他们。

就这样，时间从820年进入821年。等待被救的公主已经等了好一会儿了，相当有魅力的白马王子也闪亮登场了。

❀ 别急，还不到时候呢

米海尔二世的统治在悲剧中诞生，在泪水中成长——因为这里是拜占庭。利奥五世在位时，米海尔二世行伍时代的**另**一名好友托马斯**也**在招兵买马，笼络了一批武装支持者。当米海尔二世在君士坦丁堡巩固自己的权力时，托马斯也在整个安纳托利亚做着相同的事情——虽然君士坦丁堡的重要身份是帝国的首都，但它依然只是一座城市。

而这两人并不打算靠签订某种圣诞停火条约来结束流血不断的皇位之争。托马斯围攻了君士坦丁堡，米海尔二世叫来了保加利亚人。安纳托利亚人在战场上打败了保加利亚人，但保加利亚人还是莫名其妙地成了最终的赢家。823年，托马斯死了。

但被围困的君士坦丁堡城内的情况并不比城外好到哪里去——因为这里是拜占庭。当帝国的王冠最终戴到米海尔二世头上时，他已经五十岁了，所以像大部分这个年纪的拜占庭男人一样，他不仅已婚，而且已育。

823年，米海尔二世亲自监督了对他昔日朋友的处决。他精疲力竭地爬上了床，醒来后发现妻子已经咽了气。

❀ 英雄救美

你应该还记得，利奥五世把整个拜占庭的宗教机构（或是他自己）打成了异教徒，随后他就在某个宗教节日期间被人残忍地杀死在了教堂里。米海尔二世和他的盟友们充分吸取了教训，他们决定只违反一些比较小的教会规定，希望上帝不会因为这种小打小闹的罪过而费心惩罚他们。或者说，他们其实希望有人能替他们违反一些教会规定，因为有三个事实摆在他们面前：

- ♦ 修女们发誓要永远守贞，且居住在修道院里；
- ♦ 欧芙洛绪涅公主是个修女；
- ♦ 娶公主为妻可以让米海尔二世的统治合法化。

从历史上看，第三点其实并**不正确**，因为这是拜占庭帝国的宫廷，

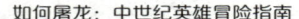

统治合不合法一般是个见仁见智的事情。但欧芙洛绪涅的确离开了修道院，并且在823年或是824年嫁给了米海尔二世，这件事情倒没什么好见仁见智的。

对你来说有个坏消息：我们不知道米海尔二世是如何成功的。欧芙洛绪涅之前是一位被关在修道院里的公主，后来她成了王后，我们的资料来源就说了这么多。很遗憾，你没法抄他的作业了……但对米海尔二世的名声而言，这却是**好事一桩**，毕竟他很有可能是靠着贿赂修道院院长成功的。我是说他给修道院捐了钱。**正经捐款**。

勉强算是拯救了点儿什么吧。

幸福快乐的结局

什么，拜占庭这地方还能有大团圆结局？

欧芙洛绪涅再也没有回到她被流放了二十年的修道院。米海尔二世在位统治了九年左右，而她一直陪伴在他身边。皇帝夫妻二人没有孩子，因此也就不会有第二个儿子来篡夺皇帝上一段婚姻留下的独生子狄奥斐卢斯的皇位。实际上，这一家三口似乎相处得非常融洽。欧芙洛绪涅可能帮助安排了继子与外省贵族女性狄奥多拉的婚事，如果没有他父亲的同意，这种事情是不可能发生的。

829年，米海尔二世死去，年近六十岁。狄奥斐卢斯继承了王位，过程非常和平。

不骗你。

狄奥斐卢斯在位将近十三年，最终在皇宫里病逝，狄奥多拉一直陪伴在他身边。丈夫死后，狄奥多拉作为摄政王接手了实际统治权，成了拜占庭历史上最有权势的女性之一。

你想要拯救公主的攻略吗？你看，米海尔二世被指控犯下叛国罪、被关进监狱、险些被谋杀,但他驳回了指控,反过来谋杀了皇帝,夺取了皇位,开创了一个王朝,顺便拯救了公主。

对一个有残疾的乡下孩子而言,这算是挺不错的了。

公主选择自救

你已经出发了这么久，还没有开始想念你那田园牧歌一般的美丽小村庄吗？你后悔过听从那个神秘不速之客的鼓励，踏上与邪恶势力交战的命定之路吗？你还记得，撒旦教你识字，而莫里尼的约翰则试图告诉你，为了逃脱超自然大军的追杀，不识字反而更好的这段经历吗？幸好你没听他的话，因为此刻是1489年，你现在身处雷根斯堡。因为缺钱，你成了印刷厂老板手下受他虐待的仆人。你这会儿显然有点儿不耐烦了，但好在厂里印刷的某份八卦小报上的小道消息给了你灵感，让你找到了调整冒险方向的思路。奥地利的库妮根德是神圣罗马帝国皇帝的女儿，而她未来的丈夫则从她出生的1465年起就一直是桃色八卦的主人公。两年前，库妮根德嫁给了巴伐利亚的阿尔布雷希特公爵，而那份小报则如警钟一般揭露了公爵的邪恶意图。与英雄专业对口的工作来了：你有公主要救了。

❀ 关于公主的婚姻大事

有一个有趣的事实：米海尔二世在完成迎娶公主这项任务时抽到了简单模式。他要做的只是发动一场政变，再镇压几场其他人发动的政变。但通常情况下，欧洲的公主是很难找到她们的白马王子的，原因很简单：近亲通婚。

对中世纪的精英阶层而言，通过娃娃亲获取政治利益是非常好用的一招，交换嫁妆和彩礼也能让两个家族获得不菲的收益，但这项交易是有门槛的。中世纪早期，西方教会制定了严格的规则，规定了什么样的亲缘关系在上帝（或是教会声称的上帝）眼中算作乱伦。违规操作自然非常猖獗，因为这样做可以给双方家庭和教会一个借口，如果这桩婚事带来了政治上的大麻烦，他们就能以此为由宣布婚姻无效。尽管如此，到10世纪，欧洲的皇室家族就已经选不出和自家孩子门当户对的对象了。

对王子而言，这并不是什么大事，毕竟他娶来的妻子会加入他的家族，他原本的地位并不会因此有什么损失。但对公主而言，情况就有点儿不妙了，毕竟她得嫁到另一个家族去。库妮根德是那位皇帝唯一没有夭折的女儿，也是全欧洲地位最高的准新娘——但她同样别无选择，只能下嫁。

但对这位公主而言，这桩婚事造成的地位降低是她面临的所有问题中最微不足道的一个。

✿ 关于库妮根德公主的婚姻大事

1486年，每件事（和每个人）看起来都还算体面。神圣罗马帝国与他们的皇帝跟威尼斯、匈牙利、波希米亚、瑞士、下层贵族、上层贵族、教会以及奥斯曼人都有矛盾（这里的意思是"一切照旧"）。库妮根德生活在父亲的堂兄，即奥地利与蒂罗尔的西格蒙德公爵的宫廷里，离这些冲突非常遥远（1486年的神圣罗马帝国版图形状像一个鸡蛋，一部分蛋黄淌到了意大利那边，蒂罗尔就是这部分蛋黄）。

巴伐利亚的阿尔布雷希特公爵已经获得了皇帝的首肯，可以迎娶公主了。巴伐利亚是帝国境内在政治方面和领土方面都较为强大的公国，阿尔布雷希特那时正忙着让它变得更加强大，这样看，他的确是个不错的人选。西格蒙德也获得了皇帝的许可，开始就公主的嫁妆和其他财务

如何屠龙：中世纪英雄冒险指南

问题与巴伐利亚进行谈判,而且他做得相当不错。到12月初,婚礼的准备工作已经完成了。1487年1月2日,公主与公爵举行了婚礼,可她的父亲几乎没有露面。之后,新任公爵夫人库妮根德与丈夫一起搬到了慕尼黑。这相当体面,至少看起来大致上是这样。

但你顺走了一份名为《征服雷根斯堡》(*The Conquest of Regensburg*)的小报,你读到了这个童话故事背后的可怕真相。

❀ 关于库妮根德公主被"偷走"一事

《征服雷根斯堡》的作者(这位作者选择匿名显然是出于对自己人身安全的考虑)坚持认为,阿尔布雷希特从公主的父亲、神圣罗马帝国以及基督教手中偷走了她。皇帝原本的安排是让库妮根德嫁给奥斯曼帝国的苏丹。这场婚姻将促成两国间达成协议,不仅能保护帝国免受东方国家的威胁,还能让库妮根德成功促使土耳其人皈依基督教(毕竟做梦不花钱)。阿尔布雷希特伪造了表明皇帝允许他迎娶库妮根德的信件,而这和他此前的行径如出一辙:他称雷根斯堡对自己效忠,控制了这座强盛城市的市政府,还提高了修道院的赋税。

虽然到1489年这份八卦小报出版时,库妮根德和阿尔布雷希特已经有了两个女儿(他们八个孩子中的头两个),但你不要在意这种细节。虽然库妮根德的兄弟,即帝国皇位的继承人到慕尼黑友好访问时受到了夫妻俩的热情接待,但你也不要在意这种细节。尽管这份八卦小报更应该叫《雷根斯堡市议会为了换取金钱决定将大部分控制权交给阿尔布雷希特,而且我不喜欢阿尔布雷希特任命的市长》,但你依然不用在意这种小细节。

别管那么多了。你是英雄。阿尔布雷希特是个邪恶的公爵。库妮根德是急待你拯救的公主。你得去救她。

关于拯救库妮根德公主这个问题

有个坏消息要告诉你:关于英雄救美这个问题,库妮根德公主有她自己的想法。而她自己的想法就是,她不需要别人救她。

她在龙潭虎穴般的帝国宫廷中度过了自己的童年,时不时还会在她父亲与前来求情的臣民之间做调解。作为公爵夫人,她强迫大儿子接受她偏爱的弟弟和自己分享公爵爵位。最重要的是,她能在别人尚未察觉之时精准地辨别出阴谋与背叛,而且她能靠自己的智慧和能力揭穿它。

史料记载,16世纪初,整个奥格斯堡都为一名年轻的先知倾倒——这名先知显然是在"魅力"这一项数值上骰出了个18[1]。被上帝选中成为生活在人世间的圣人时,安娜·拉米尼特大约十八岁,生活在收留无家可归者的收容所里。上帝选中了她,让她无须进食也可以活下去,让她可以四处炫耀自己自主绝食的本事,当然也让奥格斯堡的民众砸钱给她。

1502年,库妮根德的哥哥,即马克西米利安一世向拉米尼特寻求建议。1503年,皇后比安卡·玛丽·斯福尔扎受拉米尼特的怂恿,组织了一系列宗教仪式。拉米尼特获得了更多的钱、一座更大的房子、教堂中的一个荣誉席位,并且和城中不止一名贵族发展了地下恋情。

快进到1512年的慕尼黑。寡居的库妮根德见证了拉米尼特靠"圣人身份"大肆捞钱的行为,她实在是看不下去了。

公爵夫人邀请(这里的"邀请"也许应该标上引号)拉米尼特来她居住的修道院玩玩——她准备虔诚地在此终老。拉米尼特找借口拒绝

---

1 来自桌面角色扮演游戏《龙与地下城》(Dungeons & Dragons,简称"DND")游戏规则的说法。在DND第五版中,玩家开局时需要确定自己角色的六项基本属性(力量、敏捷、体质、智力、感知、魅力)的数值,较常用的方法是同时掷四个六面骰子,取其中三个较高值之和。此数值介于3(非常糟)到18(极优秀)之间。——译者注

了。库妮根德毫不在乎地哼了一声，然后亲自干起了旅行社的工作：她安排了拉米尼特前往慕尼黑的行程，并且说服了奥格斯堡市议会，让他们放行这位城市明星。简而言之，她让拉米尼特找不出任何理由推托。

库妮根德那座修道院的修女们大张旗鼓地欢迎拉米尼特到来，并为她提供了一间独立卧室，这在当时算得上一种奢侈了。

这间卧室是库妮根德特意为拉米尼特准备的，但这种准备并不是说她好好布置了房间，而是说，她在门上打了小洞。透过小洞，她在门外偷偷看到拉米尼特把一袋昂贵的水果和糕点藏到了床底下。库妮根德看着拉米尼特享用她的秘密存粮，她吃完了，库妮根德也不准备离开。她继续耐心地等待着，直到看到拉米尼特把自己的排泄物扔出窗外。

这就是一位老妇人靠着几块姜饼蛋糕就揭露了骗子真面目的故事。这个骗子设下骗局长达十年之久，坑骗了成千上万人的思想、灵魂和钱包。库妮根德成功完成了神圣罗马帝国的皇帝和一整座城市都没能做到的事情，也为自己漫长、游刃有余而且相当成功的职业生涯画上了句号。

中世纪欧洲的公主们需要人来拯救。阿尔布雷希特也许真的是你在八卦小报上读到的那个狡猾的邪恶公爵，库妮根德也可能比大多数公主都更迫切地需要得到救援。但英雄们的坏消息来了：公主有时也会自救。

如何窃取王冠

你 杀了一条龙，这自不必说。但你尝试过杀掉一个"象征"吗？

无论你见证了什么样的政变，无论你拯救公主的尝试有多么失败，无论你在冒险途中遭遇了什么样的小波折，现在，你大概觉得自己的状态好到终于可以窃取王位，将邪恶势力永远赶出王国了（这里的"永远"是个很主观的词……非常主观）。但你此前的一系列胜利意味着又有一个新波折摆在了你的面前：在中世纪的欧洲，"窃取王冠"有时候指的是偷走一顶王冠。对，王冠本体。

往好处想，对贵族中的贵族而言，王冠通常只是一款相当受欢迎的珠宝。埃诺的菲莉帕一个人就有十顶不一样的王冠；英格兰的爱德华二世甚至不得不拿几顶王冠出来抵债。但有些王冠却拥有真正的权力。一些国家会规定加冕典礼上必须使用某一顶（或是某几顶）王冠。在竞争王位时，即使是合法的王位继承人也有可能输给另一个被象征着王权的王冠加冕过的人。

中世纪的匈牙利就是这些国家之一。匈牙利王国一直将未来王位的希望寄托在圣史蒂芬王冠上。起初，这一惯例对国王阿尔布雷希特二世和伊丽莎白王后来说不是什么问题。1439年末，阿尔布雷希特二世去世了，但这个惯例也没有立刻造成直接的问题。国王并没有留下男性子嗣继承王位，而波兰和匈牙利的贵族们则急切地想要将王位据为己有。身怀六甲的伊丽莎白迫切希望自己能生个儿子，所以干脆从国库里把正牌王冠拿了出来，以防有意谋反的贵族趁机下手。她把王冠藏在了自己的房间里，用一个伪装成长椅的箱子装了起来。

可当房间着火（且长椅也没有幸免）时，问题就来了。

伊丽莎白最信任的侍女海伦娜·科坦纳成功扑灭了大火，但这件事让王后和她的亲信非常紧张，于是他们将王冠从王后的房间送回了国库。紧接着，有人警告伊丽莎白，称某些波兰贵族计划强迫她再婚，从而窃取王位。她不假思索，即刻逃走了，没带珠宝，没带仆人，更要命的是，她也没带走圣史蒂芬王冠。

伊丽莎白唯一带着的是对自己能生下一个男孩的殷切期望，但这个男孩要想成为国王，仍然需要王冠来加冕。于是她向科坦纳求助，请求对方为自己冒一个巨大的险：潜回城堡，把……她平日戴的珠宝偷出来。她的珠宝？伊丽莎白可是神圣罗马帝国皇帝的女儿，她本人也是好几个国家的王后，她显然没必要……但伊丽莎白坚持让科坦纳这样做。

如科坦纳自己事后记述此事时所说，她当时很担心自己会丢掉性命，但她对王后一直忠心耿耿，于是她同意折返回去为王后取回珠宝。她将珠宝藏在裙子下面，将它们成功运出了城堡。面对拦路贵族的盘问，她毫不退缩。"海伦娜·科坦纳，你要带走什么东西？""我来拿我的衣服。"对她而言，预习一下如何误导别人显然很有帮助，因为事实证明，盗走珠宝首饰只不过是一次热身。

就这样，1440年2月20日，海伦娜·科坦纳和两名助手闯入了匈牙利王室金库的一间库房，他们的目的是偷走一顶王冠。为了在黑夜中隐蔽行踪，他们身穿黑衣，脚上的毡鞋也掩盖了他们的脚步声。他们向保护金库的三道大门中最靠外的一道走去，两名男助手将锉刀和锤子藏在了外套下面。

科坦纳转移了守卫的注意力（或者用她的话说，是上帝让他们走神了），这时候，两名男助手则靠着锉刀、锤子和放火闯入了整座城堡中戒备最森严的地方。但一行人很快意识到，他们忘记了两件事：首先，王冠被偷走后留下的空架子会非常显眼；其次，他们并不能把王冠不露痕迹地藏在大衣下面。

科坦纳的记述中并没有明确记录他们如何具体分工，但下面几件事情的确发生了：

- 用过的锉刀被扔进了厕所；
- 王冠被偷偷运到了城堡的礼拜堂中，这座礼拜堂供奉的是匈牙利的圣伊丽莎白（1207—1231年）；
- 放置王冠的架子也被偷偷运出了金库，这样一来王冠的不翼而飞也就不那么显眼了；
- 金库的门锁被换掉了。

这场大劫案到这里还没有结束。科坦纳和两名帮手从礼拜堂里偷走了一个红色天鹅绒枕头，从枕头里掏出了一些羽毛，然后把匈牙利这个国家的王冠缝了进去。

但他们还没来得及把枕头带出城堡（这剧情真不是我编出来的），一名年老的女仆就找到了科坦纳，问她知不知道王后旧房间里火炉前面的那个怪匣子里是什么。科坦纳反应迅速，让老仆去她的住处收拾财物，并且保证，只要对方照做，她就会安排老仆在王后的随从中担任要职。随后，她一把火将那个匣子烧成了灰烬。

为了逃出生天，他们后来还跨过了冰封的多瑙河。真的。

不过这一切都是值得的。伊丽莎白王后生下了一个健康的男婴，他成了未来的匈牙利国王，会被圣史蒂芬王冠加冕，登上王位。

如果你想找一个跌宕起伏的故事来帮你将"窃取王冠"的象征变成现实，那上面这个就是了。也许不管哪个公主都能拯救自己，戴上王冠，但1440年，这位公主和她的侍女偷走了王冠，还拯救了整个王国。

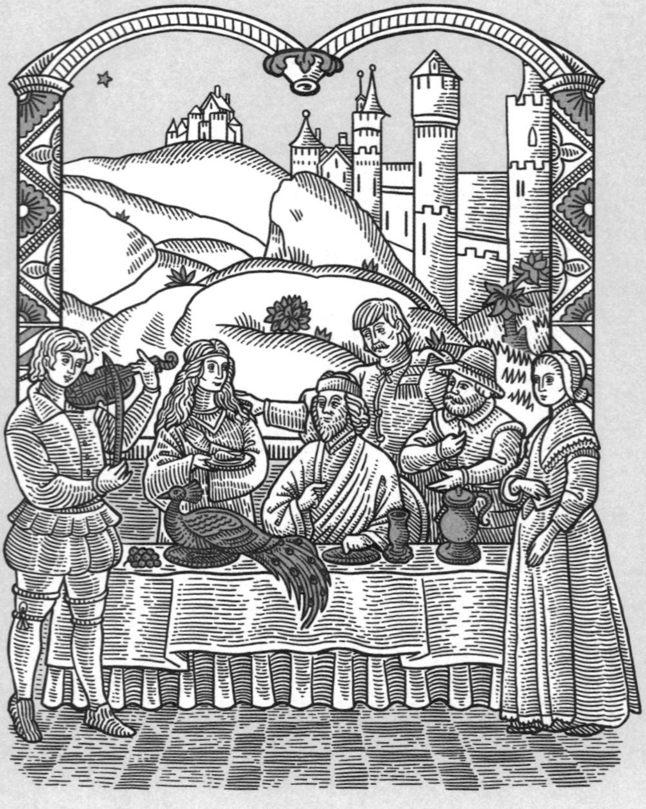

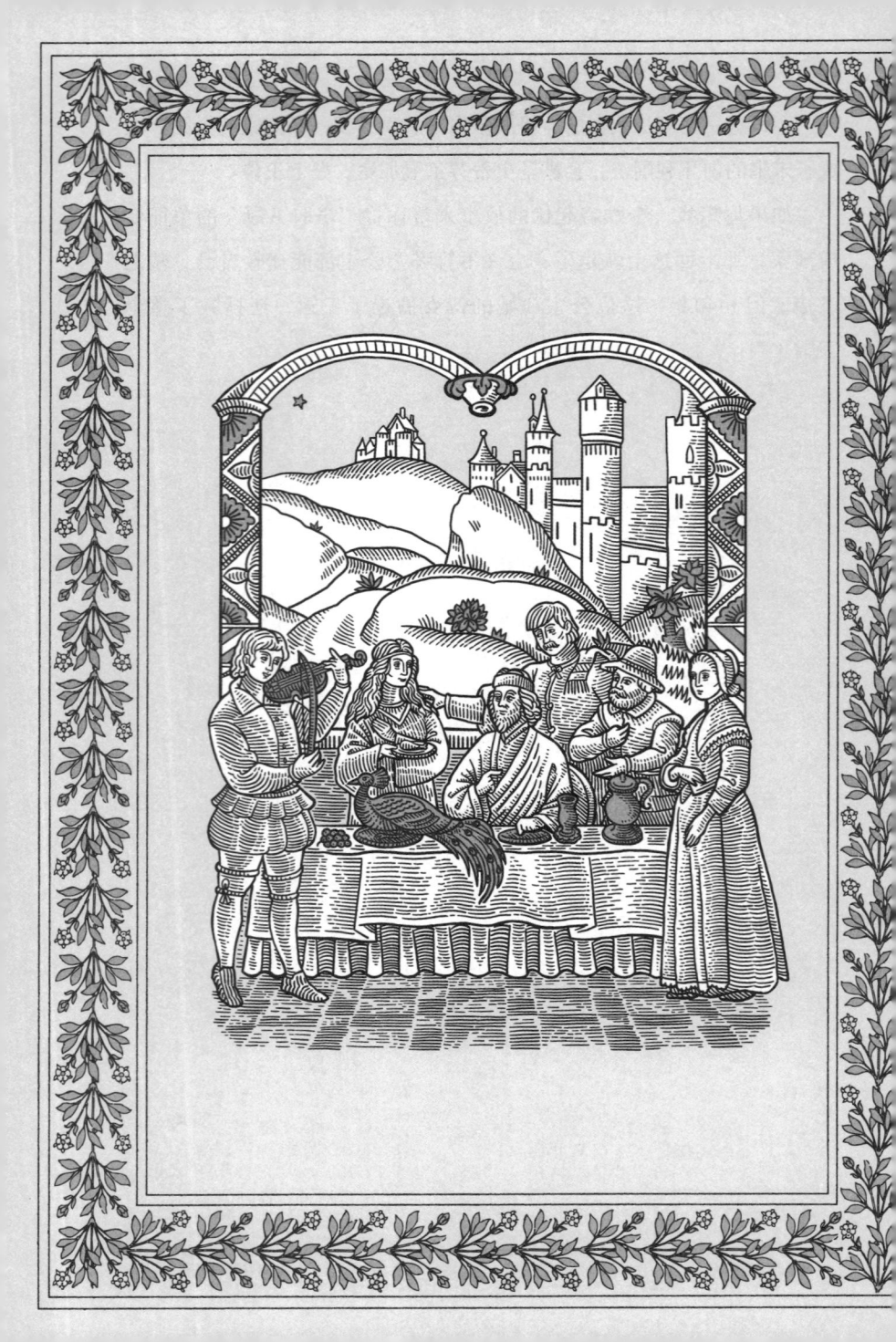

满载而归

如何抱得公主归

英雄冒险只有两种结局：一种是死亡，另一种是成功。英雄本人通常也只有两种结局：要么化作一副烧焦的骨头架子，要么和公主喜结连理。第一种结局不用攻略你大概也能达成。但是，如果你想要的是永结同心，而不是永久的心理阴影，那是时候谈谈如何在拯救公主之后赢得她的芳心了。

❀ 伊莎贝尔

如果你足够幸运，你的冒险中最困难的部分早就已经解决了。准确地说，前提是你够幸运，而且你还是有史以来最伟大的骑士。在有些人看来，英国的勇士威廉·马歇尔（1146或1147—1219年）正是这样一位伟大的骑士。靠着自己高超的武艺（和好运气），威廉没有死在战场上，和英格兰王室成员往来时他也应对自如。正因为他作为骑士，在这两个方面还都很成功，所以最终他可不仅是抱得美人归这么简单。英格兰国王亨利二世希望自己的女儿能够成为王后或是德意志皇后，并按照这个计划安排了女儿们的婚姻大事。至于自己麾下的得力干将马歇尔，亨利二世则安排没有封地的他迎娶斯特林吉尔的伊莎贝尔——她可能是不列颠群岛上最富有的女人——并许诺他日后将获得她名下的大片土地。亨利二世的继承人理查一世成功兑现了这个承诺。这交易可真划算。

所以，如果你到了英格兰，想要在冒险归来后抱得公主归，你似乎只需要满足一个额外条件——成为贵族。

票数统计：成为贵族，1票。

但谁能保证你一定能到英格兰呢？（虽然在你之前每一个英雄的冒险都是这么设定的。）你很清楚，如果威廉·马歇尔想要在拜占庭帝国故伎重演，碰碰运气，帝国宫廷绝对会生吞活剥了他（而且很可能是字面上的生吞活剥）。如果你想抱得公主归，我建议你还是从最坏的情况开始计划。所以，祝你在君士坦丁堡玩得开心。如果你实在不擅长记名字也没关系，这次你只需要记住三四个就够了。

欧芙洛绪涅、另一个欧芙洛绪涅、玛丽亚、另一个玛丽亚

还记得拜占庭宫廷的政斗有多么凶残吗？还记得上次见到的伊琳娜、玛丽亚、欧芙洛绪涅和米海尔吗？让我们往后快进四百五十年，跳过另外五个名叫米海尔的皇帝，往故事里掺进三个蒙古派系还有保加利亚，再回忆一下你拯救公主时记住的那几个名字。这一次，你到了1259年，未来的米海尔八世正准备夺取王位。

可以说米海尔八世（1223—1282年）与威廉·马歇尔抱得美人归的过程很相似。这两人在战场和官场上都表现出色，偶尔也会反抗当朝统治者，而且两人迎娶的公主都是象征意义上的，即地位显赫的贵族女性，而非真正意义上血统尊贵的帝王千金。

但只有米海尔八世先是重获了皇帝青睐，迎娶了他亲爱的侄孙女，随后又失去了皇帝的青睐，与蒙古人并肩作战两年，回到君士坦丁堡发动了一场政变，还用自己的婚姻为拜占庭帝国历史上最成功的王朝之一奠定了基础。反观威廉，他不过是捞到了几块封地。因此，如果你不仅

想抱得美人归,还想给自己的英雄故事争取一部续集,米海尔八世的故事应该是你首选的借鉴对象。

和他的前辈,多年前拯救过公主的米海尔二世一样,米海尔八世在1259年发动了一场政变,处死了代替年幼皇帝执政的摄政王。但与他的前辈不同,米海尔八世在随后的1261年刺瞎并流放了这位尚未成年的统治者,以此消除了他未来威胁自己统治的可能性。

作为皇帝,米海尔八世完成了几件小事。他从西方的拉丁帝国势力手中夺回了君士坦丁堡,复兴了拜占庭帝国,并且带头在文化与知识领域开展复兴运动。希腊拜占庭的西面是野心勃勃的意大利城邦,南面是马穆鲁克王朝,北面是保加利亚帝国,最重要的是,他们的南面和东面都有蒙古人。考虑到拜占庭被四面夹击的处境,米海尔八世的功绩真是越发令人震撼了。

在蒙古四大汗国中,有两个汗国一如既往的凶残:1241年,钦察汗国对匈牙利进行了彻底的劫掠,甚至迫不及待地想开始第二轮进攻;伊利汗国则在1258年摧毁了巴格达。拜占庭的地理位置显然不是很理想。

幸运的是,蒙古人很乐意通过联姻与拜占庭搞好关系,米海尔八世对这个流程非常熟悉,毕竟他本人就娶了某位前皇帝的侄孙女为妻。他的女儿欧芙洛绪涅嫁给了钦察汗国的无冕可汗那海,那海统领了钦察汗国(的大部分地区)。年幼的玛丽亚则被送给了伊利汗国的阿八哈可汗。

(你看,你刚到拜占庭没多久,米海尔八世、那海和阿八哈就都已经娶到公主了!畅想一下后续剧情的发展吧。)

这两桩婚事对玛丽亚和欧芙洛绪涅而言其实相当不错。尽管可汗可以随心所欲地娶妻纳妾,但蒙古王后通常要比西方贵族妇女拥有更多的正式权力。在钦察汗国,欧芙洛绪涅争取到了用希腊语为女儿命名的权利，而且也给女儿取名为欧芙洛绪涅（没什么不妥的）。我们就叫她欧芙洛绪涅二号吧，你别忘了。

与此同时，玛丽亚在伊利汗国渐渐长大，她学会了如何操纵拜占庭和蒙古**两边**的统治者。在她的影响下，阿八哈保护并帮助了伊利汗国的基督徒。她的影响如此之大，有人甚至认为玛丽亚施行了奇迹。

但她的故事到这里还没有结束。1282年阿八哈去世之后，玛丽亚的寡妇生活可谓开局不利：她几乎被人逼着嫁给她的继子。最终……我们这样说好了，她未经**允**许就将自己放逐回了君士坦丁堡。

统计一下：成为贵族，2票；成为王子，1票；成为蒙古王子，2票。

现在坐在拜占庭皇位上的安德罗尼卡二世是玛丽亚的兄弟，为了建立新的盟友关系，他可能动过把妹妹许配给别人的心思。但无论如何，玛丽亚显然要让他的计划落空。她建立并加入了蒙古圣马利亚修道院——她建立这座非常富裕的修道院既是为了纪念圣母马利亚，也是为了纪念她心中属于她的人民和国家。

计划落空后，安德罗尼卡二世把自己的女儿西莫妮斯嫁去了塞尔维亚。但我们先把塞尔维亚、西莫妮斯、她名叫"斯特凡"的老公以及字母"S"都放在一边，继续往下讲。

你大概还记得，安德罗尼卡二世的姐妹玛丽亚嫁给了一个蒙古汗国的可汗，那个是伊利汗国。安德罗尼卡二世的另一个姐妹欧芙洛绪涅嫁给了另一个蒙古汗国（钦察汗国）的大将。这位大将是有实无名的可汗，掌管了钦察汗国的大部分地区，而钦察汗国的可汗称号以及剩下的地区则掌握在脱脱的手中，如果量化一下，此人的野心和那海手中的实权有一拼。安德罗尼卡二世看出了这种形势，于是派他另一个女儿（也叫玛丽亚，有何不可呢？）嫁给脱脱。我们就叫她玛丽亚二号吧。

目前的票数：成为贵族，2票；成为王子，1票；成为蒙古王子，3票。

伊琳娜、伊琳娜、玛丽亚和玛丽亚

尽管起初形势一片大好，但米海尔八世的女儿伊琳娜的婚事远不如她的姐妹们顺利。保加利亚帝国是拜占庭的"狠心前任"，而且是米海尔八世无论是用军事力量还是联姻都无法挽回的那种。

1257年保加利亚内乱期间，拜占庭皇帝为流亡的保加利亚前统治者米措·阿森提供了庇护。作为交换，拜占庭获得了位于黑海北岸的作战基地（此地无论是政治上还是经济上都是战略要地）。1278年，米海尔八世做出了巨大的努力：他安排伊琳娜嫁给了流亡统治者的儿子伊凡·阿森三世，还派出一支军队护送他们回保加利亚。这招奏效了。

票数统计：成为贵族，2票；成为王子，2票；成为蒙古王子，3票。

但换个角度看。

格奥尔基·捷尔捷尔是一位野心勃勃而冷血（或者说冷血而野心勃勃）的保加利亚贵族，他的妻子名叫玛丽亚（这已经是玛丽亚三号了），二人甚至还有一个继承人，名叫西奥多。

格奥尔基意识到，米海尔八世在除保加利亚外的任何地方都需要他的军队。通过迎娶伊凡·阿森同样名叫玛丽亚的妹妹（这是玛丽亚四号），他让自己离保加利亚的皇位更近了一步，毕竟这没什么不妥的。1279年，他把玛丽亚三号和西奥多送到了君士坦丁堡，向米海尔八世证明自己的忠心。

票数统计：成为贵族，3票；成为王子，2票；成为蒙古王子，3票。

但如果你有机会和对方平起平坐，又何必做小伏低、扮演忠诚的下属？1280年，格奥尔基将保加利亚据为己有，这让伊凡·阿森和伊琳娜火速逃回了君士坦丁堡。

这时的米海尔八世几乎（**几乎**）与各方都达成了较为缓和的关系，或是干脆结了盟，所以他并没有进攻保加利亚。但格奥尔基依然明白，他眼下的政治地位依旧如同在刀尖上跳舞，因此他也在等待时机。

1282年，米海尔八世去世了，他的儿子安德罗尼卡二世成了大权独揽的皇帝，即位过程中并没有发生严重的暴力冲突，毕竟这里不是保加利亚。

而在保加利亚，格奥尔基决定充分利用安德罗尼卡二世初登皇位时的混乱局面。他与玛丽亚四号离了婚，把她送回了君士坦丁堡，把玛丽亚三号从君士坦丁堡接了回来，最终更是通过谈判要回了西奥多。

对西奥多而言，眼下的新局势非常适合他。他作为共治皇帝统治了保加利亚一段时间，不仅学会了如何在贵族不断作乱的情况下掌握权力，更重要的是，他还学到了有什么事情是他**不应该**做的。

所以，现在是1282年，我们来复盘一下：

- 拜占庭皇帝米海尔八世已经安然离世；
- 米海尔八世的儿子，安德罗尼卡二世和平地继承了皇位，是帝国的现任皇帝；
- 米海尔八世的女儿，玛丽亚一号嫁给了蒙古伊利汗国的可汗，建立了一座修道院，目前已经下线；
- 米海尔八世的女儿，欧芙洛绪涅一号嫁给了那海，蒙古钦察汗国的军事领袖兼可汗，汗国内部一个军事派系的实际统治者；
- 欧芙洛绪涅二号是欧芙洛绪涅一号和那海的女儿；

- 米海尔八世的女儿，伊琳娜，前保加利亚皇后，现在是拜占庭位高权重的贵族。恭喜她；
- 格奥尔基·捷尔捷尔之前是野心勃勃的保加利亚贵族；
- 玛丽亚三号和西奥多，格奥尔基的妻子和儿子，曾被流放到拜占庭，现已回到保加利亚；
- 玛丽亚四号，伊琳娜的小姑子，格奥尔基的第二任妻子，但她现在人在拜占庭；
- 格奥尔基·捷尔捷尔现在是保加利亚的皇帝；
- 他的儿子西奥多现在是保加利亚的共治皇帝；
- 在英格兰，威廉·马歇尔娶了一位富有的女继承人，捞到了几块地。

与此同时——还记得伊琳娜公主吗？这位皇帝的女儿当了不到一年的王后就不得不为了保命而逃之夭夭。1341年，伊琳娜那个同样名叫伊琳娜（因为，有何不可？）的孙女出嫁了，而她嫁得更好。忘了保加利亚吧，婚后的伊琳娜二号成了……整个拜占庭帝国的皇后。

有时是你拯救公主，有时是公主拯救自己。有时是你抱得公主归，而有时是你不得不让公主把你抱回家。

但要是没人想结婚该怎么办啊？

如何嫁给王子

所以说，你得嫁给王子。

对你而言，这是个好消息，哪怕你并不爱那个王子也一样。当然，已婚女性成为英雄的唯一方法就是等后世之人对你的故事进行尴尬的补充修订。但英雄最擅长的不就是打破规则吗？只要有了正确的指引，你就能事业爱情双丰收，既追到王子，又当上英雄。

✿ 选择一：成为坎特伯雷的安瑟尔谟

好吧，没错，严格来说，安瑟尔谟（卒于1109年）是个男的。

好吧，没错，严格来说，安瑟尔谟是个修道士，也是坎特伯雷的大主教。

以及，没错，严格来说，中世纪的男人不能和同性结婚，再说修道士根本就不能结婚，即便安瑟尔谟是教会中最有权势的主教之一，也是整个中世纪最重要的神学家之一，他也不能成为例外。但从比喻层面来看嘛……

中世纪的作家和神学家们爱死比喻了。比喻可以将抽象的概念人格化，比如将傲慢描绘成一个浓妆艳抹的美丽女人。但比喻也可以将一个平凡的故事设想成更深层真理的延伸，**比方说**，将婚姻比作基督对他的"新娘"，即人类灵魂的爱。

你也猜得到，发誓终身守贞，将一生奉献给基督的修道士和修女们非常非常欣赏这个比喻。12世纪的修道士，克莱尔沃的圣伯纳德以此为主题进行了八十多场布道，而13世纪的神秘主义者，马格德堡的梅希蒂尔德则用这个比喻创作了一些精彩而刺激的诗歌。

但对一位英雄而言，仗着耶稣有"和平王子"的称号而拿这个比喻强行碰瓷未免太做作，也太简单了一些。是时候让安瑟尔谟登场了。在我们这位守贞的朋友生活的年代，"基督的新娘"这个身份还没有火起来，但"基友情深"的风尚却风头正劲。

从现存的资料看，我们并不知道有没有哪个具体案例发展到了需要下载"修道院秘密情史"补充资料包这一步，但你可以把"基友情深"的核心要素解读成兄弟情、男性友谊，或是中世纪女性之间培养出的那种浪漫情谊。还在把中世纪的勇士脑补成原始男子气质的化身吗？呃，因为中世纪的男人实际上并没有感受到太多来自女性的威胁，所以社会更能接受他们表达充沛的感情，他们彼此也更容易接受同性间的浪漫爱情。

看看安瑟尔谟写给另一名修道士吉尔伯特的信就知道了："最亲爱的朋友，我十分珍视你爱的赠礼，但它们永远无法安慰我的心，剥夺我对你的思念，我渴望见到最亲爱的你本人……的确，如若不能找回它的另一半，我被割裂的灵魂、我受分离折磨的心将永远无法得到安慰……在此之前，我从未体验过你不在身边时是怎样的，我原来从不知道与你在一起时是多么甜蜜，而与你分离时又是多么痛苦……"[1]

安瑟尔谟不仅愿意写下这些话，还很清楚，不光吉尔伯特会读到它们，之后还会有其他人大声念出这些话。他认为这封信会被保存下来，供后世人阅读。换句话说，坎特伯雷大主教有个"好基友"，他身边的

---

[1] Letter 84, Walter Fröhlich, trans., *The Letters of St. Anselm of Canterbury* (Cistercian Publications, 1990), 1:219.

人也都觉得这非常正常。所以说,没错,你也许的确没有机会**名正言顺**地嫁给王子,但你俩之间的感情依然可以非常深厚。

当然,坎特伯雷大主教可不是每个人都能当的。我们中的一些人只能将就一下,去气一气约克的大主教。

而且要气他两次。

✿ 选择二:成为玛格丽·坎普

严格来说,玛格丽·伯纳姆·坎普(卒于1438年之后)不仅惹恼了约克大主教,还惹恼了莱斯特的市长、布里斯托尔的某些居民、约克的某些祭司、耶路撒冷的朝圣者、西班牙的朝圣者、她的丈夫(他俩后来和好了)以及她的儿子(他俩后来也和好了)。至少她在记录自己精神生活的一系列故事里是这样写的,这一系列故事中还包括了大量她外出冒险的经历,这些冒险为记录提供了基础。和莫里尼的约翰(就是那个一不小心让撒旦教你识字的修道士)不一样,《玛格丽·坎普之书》(The Book of Margery Kempe)是一本纯粹的基督教著作。她在书中记述了多个与基督有关的幻象。但对每一位既要嫁给王子,又想继续做英雄的女英雄而言,选她做向导可是再合适不过了。

大部分称得上"狠人"的中世纪女性要么是修女,要么是先知,要么是接管亡夫权力的寡妇,要么是替儿子夺取权力的王后,坎普也不例外。她的确对家庭生活十分投入:她生了十四个孩子;说服了自己的丈夫婚后禁欲,却没有抛弃他一走了之;在丈夫年老多病、生活不能自理时,她照顾他的生活起居,而且养出了至少一个和她一样有冒险精神的女儿。在某几次冒险中,她甚至还拽上了老公一同上路。但这本书中更多展示的还是一位按照自己心意生活的已婚女性。

坎普是个坐不住的人。尽管她显然相当富裕,但她还是坚持要尝试在两个不同的领域创业。这两次创业都失败了，这虽然不能证明她有经商的天赋，却从侧面说明了她有着十足的干劲儿。但在第一个孩子出生之后，她经历了一段痛苦而抑郁的产后时期，她决心将自己的生命奉献给宗教追求。她的目标差不多可以总结为和丈夫维持（世俗）婚姻的同时与基督缔结（精神层面的）婚姻。她追求的核心是两样很常见的东西：朝圣和教育。

但细节之处方显英雄本色。坎普的多次朝圣之旅将她带去了坎特伯雷，还有耶路撒冷、罗马、德国和西班牙。她绝对算得上整个中世纪最令人印象深刻的环球旅行家之一。在朝圣路上，她从来都不属于安静矜持的那一类人：她大声展示自己对宗教的虔诚，大声斥责与她同行的旅伴，这让很多人感到不满，但她肯定表现得毫不在乎。

那在教育方面呢？

坎普读过（或是听人念过）一些她那个时代最流行且最能被人接受的宗教文本。她学得很认真，并因此选择了亚历山大的凯瑟琳和瑞典的圣彼济达作为榜样，前者用自己的聪明才智辩倒了五十个哲学家，而后者则为教皇提供过建议。更值得注意的是，她显然亲自学习了《圣经》，她对其内容的熟悉程度足以让她在紧张的辩论中引用原文。但中世纪有时很难接受这样聪颖过人的女性。坎普曾多次因涉嫌传播异端邪说而被拘留。然而，她对《圣经》和基督教神学都很了解，因而能靠着口才摆脱困境，而且是一次又一次。当然，坎普手中并没有挥舞着宝剑或浮着火球，但考虑到在她生活的那个年代，英国教会正大张旗鼓地迫害异教徒，想必每个英雄都会梦想着拥有她那样机智敏捷的思维和口才吧。

因此，如果你觉得冒险中"四处旅行"这部分很好玩，但又觉得有人让你替他们执行任务、到处跑腿很烦，那就向玛格丽·坎普学习吧。

这个普通的女人打破了身为女性受到的所有繁文缛节的束缚，她声音洪亮，聪颖过人，而且百分之百算不上异端。

❀ 但首先……

和人们想象出的所有情况都不同，中世纪已婚人士可以在不犯下通奸罪的情况下谈恋爱，也可以踏上并不以拯救孩子为目的的冒险。当然，可能你还有那么点儿想成为阿尔瓦，即也门苏莱赫王朝的末代女王。为了阻止某位追求者进入她的宫殿，她真的发动了一场战争——真刀真枪的那种。

但哪怕是她最终也向婚姻妥协了，至少她在羊皮纸上妥协了，但她婚后并没有和丈夫一起生活过。阿尔瓦明白，有些时候嫁给王子是必要的，可嫁给王子并不意味着你的英雄气概会就此消亡。除此之外，阿尔瓦和她作为女王独立统治也门长达五十四年的经历本身就给你提供了一个榜样，更不用说她出众的外交手腕和强硬的军事策略了。

根据也门编年史家的记载，美若天仙的阿尔瓦显然并不苗条，甚至和苗条毫不沾边。等你参加完为庆祝你冒险归来和你的婚事举办的宴会之后，你也会变得跟苗条毫不沾边的。

如何像国王一样纵情宴饮

屠龙让你成为英雄，但也让你饥肠辘辘。来一头叨着苹果的烤乳猪？那是给你的旅伴们准备的便饭。如果你想不输给"萨伏伊一家"，你就得在烤乳猪嘴里塞上一块浸过油的棉布，然后把棉布点燃，这样你的烤乳猪就会喷火了。不光如此，这头烤乳猪的全身还都要覆上黄金。

这是1420年萨伏伊的阿梅迪奥八世宫廷中的吃法。再看1454年勃艮第的"好人菲利普"那里，二十四只乌鸫可能刚刚够他吃一顿平淡的家常早饭。如果要举办宴会，那你得用二十八个音乐家烤一个派。注意，上桌的时候音乐家得是活的。

除了"火不会熔化黄金吗？"（不会，因为这里说的"黄金"其实是刷在猪身上的生蛋黄）这个问题之外，这些例子中还有两点值得你注意：第一，阿梅迪奥八世没能亲眼见证菲利普在这方面是怎么狠狠超越他的真是太好了；第二，既然派里的音乐家们都活着，而且演奏水平吊打你的吟游诗人，那你该吃点儿什么呢？

菲利普在勃艮第的里尔举办的五日盛宴可以解答你所有的问题。在观看比武大会和滑稽短剧的间隙，你可以狂吃小牛脑馅的意大利饺子，还可以用"异国水果"折磨你的牙齿。这些假水果完全是用糖霜做成的，糖可比异国水果还要稀罕。再说，谁能拒绝糖做的假鸡蛋和假洋葱呢？

但也别把这五天全用来犯下暴食的罪过。作为英雄，你不一定能娶到公主，但你一定会获得大量的金钱、土地和政治权力作为奖励，而且你需要靠举行宴会等仪式来守住这种权力。所以你要注意了，因为不久之后你要砍的就不是龙，而是你的伙食预算了。

1. 不，你躲不过的

无论你身处中世纪的哪个时代，前往中世纪的哪个角落，你都躲不掉这个问题。位于撒哈拉沙漠中部的伊瓦拉塔镇距离最近的定居点要走十天，从另一个方向上的定居点出发更是要走二十四天。当摩洛哥商人伊本·白图泰（1304—1369年）抵达这里时，村民们的第一反应是摆出一顿仪式性的大餐欢迎他的到来。盛宴和权力之间的紧密关系甚至被"烤"进了"领主"（lord）和"女士"（lady）这两个称号里。这两个词来自古英语中的"hlaford"和"hlafdige"，意为"面包守卫"和"面团制作者"。

中世纪的宴会要真是能靠给宾客投喂面包卷和碱水结（碱水结是中世纪的一项发明）糊弄过去倒好了。能用精心准备的千层面（千层面也是中世纪的一项发明）加上价值一千弗罗林的刺绣装饰品糊弄过去也行。无论你在中世纪的何时何地，宴会无疑都宣示了东道主的财富和权力。但事情并没有这么简单，因为宴会渐渐在不同的文化，甚至不同的场合中发展出了各不相同的用途。

在中世纪早期和盛期的斯堪的纳维亚半岛，宴会是加强主宾双方联系的一种方式。邀请是对客人表示敬意的一种方式，接受邀请则象征着自己愿意向对方效忠、与对方结盟或保护对方。到13世纪，新郎和新娘的父母会暗自较劲，看谁能请来更有声望的客人参加婚宴。

或者看看那花在了刺绣上的上千弗罗林。如此铺张浪费的是神圣罗马帝国的统治者马克西米利安一世。1500年,他在慕尼黑举办了一场化装舞会,为此置办来的每一根线、付给绣工的每一分钱几乎都用于缝制带有帝国标志的服装和布景。客人们看到的每一处细节,无论是沙沙作响的裙摆,还是墙上悬挂的挂毯,都在用极致的奢华向他们宣告,马克西米利安这个名字就是帝国本身的代名词。

所以好好规划一下你的庆功宴吧,你要学的东西还多着呢。

2. 宴会大厅可不是走廊

在你开始思索该用线还是胶水把两千五百面大小不一的镜子固定在覆盖整个大厅天花板的深蓝色织物上,好表现出行星、黄道十二宫和整片夜空的样子之前,你还有很多事情需要操心。第一样就是宴会大厅。

找一个"尽可能大的房间",这个思路很好,但显然还不够。比方说,在中世纪早期的英格兰,比较容易的解决方案是动用"聚居区里最大一栋建筑的整个内部空间",然后在里面摆满桌子。但现在是1475年,而且你是在意大利的佩萨罗。科斯坦佐·斯福尔扎和卡米拉·马尔扎诺·德·阿拉戈纳要在那里举行持续五天的婚宴。这场婚宴需要一个摆得下九张十二人桌的大厅。除此之外,这个大厅里还得摆得下一架管风琴、一张展示金银财宝的长桌还有一百多个仆人。大厅里的空间还要足够大,好让这些仆人不至于互相绊倒。大厅还需要容纳一个能够表演芭蕾舞的开放舞台,两边还要准备看台区。这些座位上的宾客的高贵程度足以让他们观看演出,但还不至于让他们有资格留下来吃饭。

鉴于关于中世纪晚期宴会的词典里根本没有"浮夸"二字,于是,当勃艮第公爵在1430年发现宫殿里没有一个地方能够容纳得下他设想中的盛大宴会时,他索性下令建了一个。

在信仰基督教的欧洲,一场宴会必不可少的第二样东西是桌布。科

斯坦佐和卡米拉找人重新粉刷了他们在婚宴上使用的所有桌子，有些甚至刷成了金色，可之后他们就在桌子上铺上了厚厚的白色亚麻布。桌布和餐巾是区分普通市民和普通农民的标志，普通农民会在光秃秃的木头桌子上吃饭，用衣服擦手。你自己举办宴会时，一定记得每次都要购买全新的桌布和餐巾。准确地说，你需要买好几套餐巾，而且是每顿饭都要用好几套（但你不用担心事后如何处理它们，如果你去了14世纪的巴黎，你会发现那边的二手餐巾交易市场非常繁荣）。

3. 你的装饰预算绝对会爆炸

无论你的城堡有多么宏伟，里面的大厅依然有升级改造的余地。经典永不过时，也就是说，用花色复杂或是展现神话场景的多色挂毯覆盖墙面永远不会出错。就像卡米拉和科斯坦佐的星空天幕毯一样，最好的宴会设计委员会（没错，委员会）能带客人穿越到另一个世界。他们的装饰也汲取了浪漫和想象的灵感。这对夫妇用厚厚的装饰性绿植（自然，这些绿植每天都要换成新剪下来的）完全覆盖了墙面，利用文学作品中典型的森林意象，营造出了属于他们自己的神秘魔法世界。

餐桌装饰不仅模糊了装饰与娱乐之间的界限，更模糊了装饰与食物之间的界限。对生活在9世纪的查理大帝和他的儿子们而言，小型流水喷泉和船舶雕塑可能已经足够了。喷泉在后世也很流行，但没人再把它们放在桌面上了。菲利普公爵1454年举行的"雉鸡之宴"上有一个女人形状的喷泉，宾客们可以拿杯子从她的……那里（……）接取不断涌出的红葡萄酒和白葡萄酒。但在15世纪的意大利，只有一头通体涂金的喷火烤乳猪是不能让你蒙混过关的。你得安排华丽的、有异国情调的、**价格不菲的**、尾巴摆得整整齐齐（而且还得通体涂金）的孔雀来吐火才行。用木头和油酥面团做成的城堡和十字军战役场景面点也可以。

专业人士温馨提醒：不要吃城堡。你不会想吃到一嘴渣滓的。

❀ 4. 消化不良

1421 年，英国的凯瑟琳王后（她嫁给了一个没那么要命的亨利）加冕后的宴会上只有三道菜。别高兴得太早。光是第三道菜，就包括用蜗牛粉糖浆和彩色奶油包裹的椰枣、烤鼠海豚、炸大虾、涂满酱汁的龙虾、一盘椰枣、大虾、红虾、大鳗鱼、烤七鳃鳗、白蜗牛，以及一个很明显装饰着四个天使的肉馅饼。一道菜里未必只有一样菜啊。

这样一看，卡米拉和科斯坦佐在宴会上准备了十二道菜这件事好像更震撼了一点儿。尤其是每道菜都非常精致，所以每道菜都值得让两个打扮成希腊众神的人通过演讲介绍一番。

❀ 5. 消化时能做什么？急，在线等！

中世纪早期及盛期的斯堪的纳维亚人会让宾客们保持酩酊大醉的状态，并且很注重客人的参与度。诗人（有时是领主本人）会出来演唱史诗或是祝酒歌。中世纪晚期的马里人更上一层楼，他们会指定不同类型的诗人演唱特定类型的赞歌或历史歌曲，除此之外，他们还有形似动物的仪式服装。

到 1475 年卡米拉和科斯坦佐结婚时，食物几乎成了宴会上最不重要的一部分（所以设置看台区并不只是新婚夫妇想向更多的人炫富，来宾们也都在觊觎这部分呢）。除了餐桌中央的装饰品，你还需要安排每道菜之后的滑稽短剧和展示表演（好笑的是，这些表演被称作"微妙之处"）、两道菜之间的滑稽短剧和展示表演、能让整个城镇的人都有机会参加的狂欢游行，以及在宴会的每顿饭之间举行的各项活动。

十字军战斗的场面不光会出现在餐桌中央，往往还会有真人在表演区重现（跳过死亡和失败部分的）战斗场面。也许是在1454年，一位地位颇高的朝臣身穿白色缎子长袍，外罩黑色外衣，扮演伊格蕾西亚夫人。这位美丽的夫人是教会的拟人化形象。他（或者说"她"）坐在一头披着丝绸的巨型机械大象上，被人领进了宴会大厅（至少这位朝臣在他自己记录的有关此次宴会的大量编年史条目中是这样说的。伊格蕾西亚夫人和大象的出场得到了其他编年史家的一致承认，但只有这位朝臣坚持声称他自己是坐在大象背上进来的）。

在每顿饭之间，你需要安排赛跑、比武之类的活动，舞会更是必不可少。做好准备吧，你得先把这些桌子搬开，然后再搬回去，而且得来回搬好几次。除此之外，最重要的是准备好大桶的酒，还有让在场的女士们都穿上长长的裙子。

倒不是你想的那个原因（但也确实有点儿那方面的考量）。1393年，法兰西国王查理六世举办了一场堪称整个中世纪最臭名昭著的宴会。这场宴会包括一场化装舞会，可发生在这场化装舞会上的悲剧和下毒暗杀半毛钱关系都没有。为了给客人一个惊喜，一组装扮成野人的舞者突然闯进宴会大厅，开始像真正的野人一样四处乱跑。他们的亚麻布戏服上涂了焦油，然后又粘上了一层蓬松的亚麻纤维。当时是晚上，而整个大厅里只有火把提供照明。

这场化装舞会的名字已经充分说明了你需要知道，但未必想知道的一切——火人舞会。

四名舞者在痛苦中死去了。有一个人跳进了酒桶里，活了下来。一个十几岁的围观者冲了过去，用自己的裙子盖住了最后一名舞者，让他因此得救了。这个幸运儿正是法兰西国王。贝里公爵夫人让娜是全场唯一敢出手拯救他的人，也是唯一因足够聪明而成功的人。

（要学就学让娜，别学查理。）

6. 放开玩吧，宴会也是很好玩的

起初，"宴席"（banquet）这个词指的是宴会上的额外加餐，通常在深夜进行。和其他几顿饭不一样，"宴席"是以自助餐形式提供的。更重要的是，这顿饭通常还提供无限量畅饮的葡萄酒。伊斯兰世界版的"宴席"是唯一可以向饮酒者公开提供酒精饮料的场合。想喝酒的人还可以在这个时候吃点儿下酒菜来减缓醉酒的速度，好让自己喝得更多。

换句话说，中世纪把深夜的下酒夜宵变成了一顿正餐。

哪怕你不喝酒，你也能趁此机会收获很多精彩八卦，供你第二天早上慢慢回味。

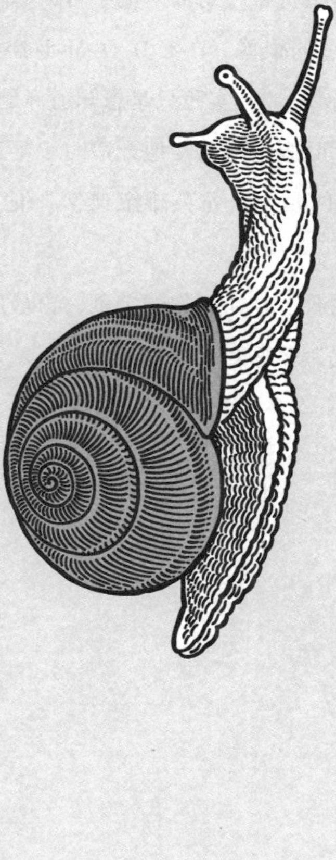

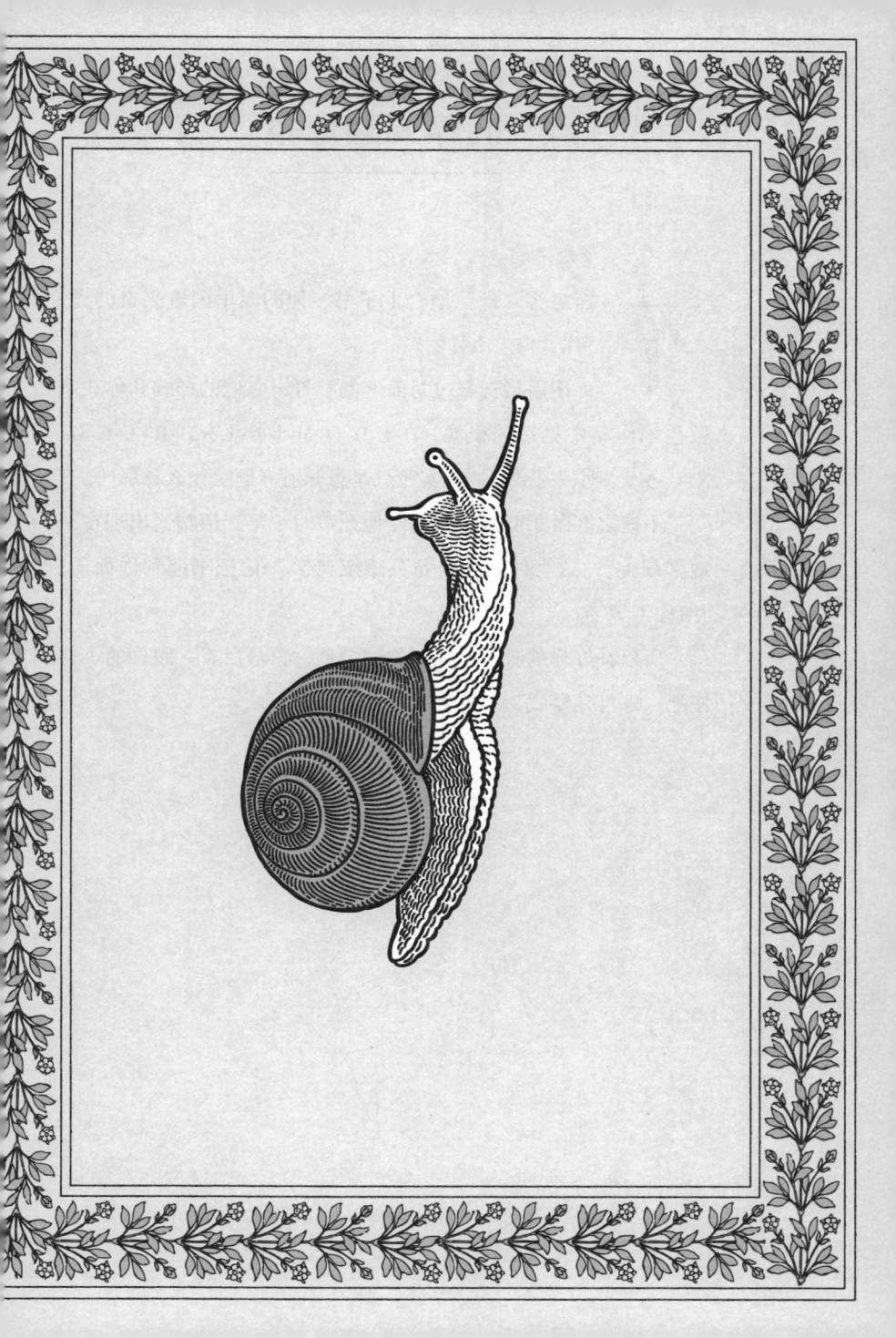

世界天翻地覆

不速之客"砰"地合上了书。他的眼里闪着兴奋的光:"你觉得怎么样?"

你用手指抚摩过封面上的字母,它们的样式和你在宗教艺术作品中见过的很像。D-E D-O-M-I-N-I-S D-R-A-C-O-N-U-M。"呃,"你说,"其实我只是想知道标题是什么意思。"

不速之客眨了眨眼。"哦,"他开口时,第一道曙光出现在了地平线上,"这写的是《屠龙英雄宝典》。"他把书递到你面前:"给你了。"

所以补好你的靴子,抓起你的宝剑,再最后看一眼你的小村庄吧。你可是要成为屠龙英雄的人呢!

致谢

如果这本书有些地方读起来更像是《幻想英雄玩转15世纪德国和10世纪开罗指南》，那是我在向约翰·范·恩根和奥利维亚·雷米·康斯特布尔致敬。他们二位是杰出的学者，也是我在圣母大学的导师。套用15世纪德国人的说法，"ane sie laufft niht"（没有他们，我什么都做不了）。

但和各位作者一样，值得我用"离了他们，这本书就不可能完成"这句话感谢的人实在是太多了。如果我把他们挨个感谢一遍，最后光是致谢这部分就能变成一本连我家狗都啃不动的大部头。但我要特别感谢这些人：首先要谢谢马克·埃文斯，不知道为什么，他总能出现在我身边，给我最需要的陪伴，而且他知道，我最需要的陪伴里永远包括"把我逗乐"这一项；帕特·维尔达是我认识的人中最会倾听的一个，尽管他本人总是不承认这点；当我不知道某个问题的答案时，我知道胡安·塞巴斯蒂安·莱文总能给出解答。

我还要感谢凯特琳·史密斯、安娜·芒罗、鲍比·德里、约翰内斯·布莱特、鲁尔·科奈嫩戴克、威尔·奈特、亨特·希金森、亚当·巴尔、布拉德·格朗德沃特、卡西迪·佩尔科科、C. D. 马尔梅尔、丹·休莱特、多米尼克·韦伯、弗莱泽·雷伯恩、汉娜·弗里德曼、J. 波特、金家祥（音译）、珍·比尼斯、杰瑞米·索尔克尔德、乔纳森·迪恩、凯尔·皮特曼、丽莎·贝尔-恰尔法蒂、马克斯·麦克菲、麦克·西蒙、内森·卡西莫、罗伯·韦尔、罗利·麦克高文－史密斯、莎拉·吉尔伯特、林思宏（音译）、西蒙·兰、斯特凡·阿吉雷·基罗加、托马斯·洛比茨、特拉维斯·沃洛、泰勒·安德森和哈维尔·科尔特斯。谢谢他们不厌其烦地一次次陪我去斯卡布罗集市。罗恩·詹姆斯向我展示了讲故事这件事拥有多么美丽而可怕的力量，而这正是一切历史的灵魂所在。他用智慧与友谊时刻提醒着我写这本书的初心。

圣路易斯大学和圣母大学的图书馆工作人员在找资料方面显然为我创造了奇迹，如果没有他们，许多史料很可能会永远埋没在尘封的手抄本当中。我的父母，杰弗里和凯瑟琳一直都冲在我身前，为我斩杀巨龙，让我不必亲自面对屠龙的艰难险阻。《文明6》和《欧陆风云4》的原声带也从未让我失望过。

不知为何，我之前从来不知道"写书"这件事情除了写作之外还涉及很多东西。我的编辑罗尼·阿尔瓦拉多不仅在我痛苦地意识到这一点时陪伴着我，还似乎比我更了解我的作品。布鲁诺·索利斯不是一位普通的插画师，他是真正的艺术家，非常令人敬佩。为了把我的小小word文档变成一本真正的书，帕特里克·沙利文和珍妮·钟显然使用了一些非常强大的黑魔法。

但最重要的是，如果没有整个"问问历史学家"社群，没有我们的专家、提问者、读者和其他几位版主，《如何屠龙》这本书就根本不会诞生。正如马格德堡的梅希蒂尔德所说（这次是在13世纪的德国了），他们照亮了我的灵魂，一如阳光洒落在黄金上。

参考文献

除了下面提到的本书引用的作者和译者之外，我还要感谢一长串的学者，他们的研究为《如何屠龙》这本书提供了写作基础。他们包括但绝不限于John Van Engen，Dan Hobbins，Claire Jones，Olivia Remie Constable，Brad Gregory，Hildegund Müller，Paul Acker，Anna Akasoy，Judith Bennett，Karl Bihlmeyer，Renate Blumenfeld-Kosinski，Albrecht Classen, Karin Graf，Monica Green，Ulrich Haarmann，Barbara Hanawalt，Lars Ivar Hansen and Bjornar Olsen，Geraldine Heng，Tamar Herzig，Kathryn Kerby-Fulton，Nehemia Levtzion and Jay Spaulding，Kathleen Llewellyn，Bernd Moeller，Tom Shippey，Gerald Strauss以及Werner Williams-Krapp。[1]

1. Bailey, Michael. "From Sorcery to Witchcraft: Clerical Conceptions of Magic in the Later Middle Ages." *Speculum* 76, no. 4 (2001): 960–90.

2. de la Brocquière, Bertrandon. *Le Voyage d'Outremer de Bertrandon de la Broquière*, ed. C. H. Schefer (E. Leroux, 1892), 22.

3. El Daly, Okasha. *Egyptology: The Missing Millennium: Ancient Egypt in Medieval Arabic Writings*. UCL Press, 2005.

4. Fanger, Claire. *Rewriting Magic: An Exegesis of the Visionary Autobiography of a Fourteenth-Century French Monk*. The Pennsylvania State University Press, 2015.

5. Fröhlich, Walter., trans. and comm. *The Letters of St. Anselm of*

---

[1] 为方便读者按学者姓名查阅相关资料，此处保留原名。——译者注

Canterbury. 3 vols. Cistercian Publications, 1990.

6. Haarmann, Ulrich. Introduction to *Das Pyramidenbuch des Abu Ga'far al–Idrisi*. Franz Steiner Verlag, 1991, 1–94.

7. Heller, Sarah-Grace. "Angevin–Sicilian Sumptuary Statutes of the 1290s: Fashion in the Thirteenth–Century Mediterranean." *Medieval Clothing and Textiles* 11, edited by Robin Netherton and Gale R. Owen Crocker (2015): 79 – 97.

8. Mulder-Bakker, Anneke B. *The Dedicated Spiritual Life of Upper Rhine Noblewomen: A Study and Translation of a Fourteenth–Century Spiritual Biography of Gertrude Rickeldey of Ortenberg and Heilke of Staufenberg*. Brepols, 2017.

9. Radner, Joan N., trans. *Fragmentary Annals of Ireland*. University College Cork CELT Project. 2004, 2008. https://celt.ucc.ie/published/T100017.html.

10. Riley, Henry Thomas, ed. *Munimenta Gildhallae Londoniensis*. 3 vols. Longman, Green, Longman, and Roberts, 1860.

11. ———, ed. and trans. *Memorials of London and London Life in the XIIIth, XIVth, and XVth Centuries: Being a Series of Extracts, Local, Social, and Political, from the Early Archives of the City of London*. Longmans.

12. Smith, Martyn. "Pyramids in the Medieval Islamic Landscape: Perceptions and Narratives." *Journal of the American Research Center in Egypt* 43 (2007): 1–14.

13. Tlusty, B. Ann, ed. and trans. *Augsburg During the Reformation Era: An Anthology of Sources*. Hackett Publishing Company, 2012.

拓展阅读

1. Bennett, Judith. *Ale, Beer, and Brewsters in England: Women's Work in a Changing World, 1300–1600*. Oxford University Press, 1996.

2. Brink, Stefan, with Neil Price. *The Viking World*. Routledge, 2008.

3. Constable, Olivia Remie. *Housing the Stranger in the Mediterranean World: Lodging, Trade, and Travel in Late Antiquity and the Middle Ages*. Cambridge University Press, 2004.

4. Corfis, Ivy A., and Michael Wolfe. *The Medieval City under Siege*. Boydell & Brewer, 1999.

5. Cortese, Delia, and Simoneta Calderini. *Women and the Fatimids in the World of Islam*. Edinburgh University Press, 2006.

6. Daston, Lorraine, and Katherine Park. *Wonders and the Order of Nature, 1150–1750*. Zone Books, 1998.

7. Freedman, Paul. *Out of the East: Spices and the Medieval Imagination*. Yale University Press, 2009.

8. Herrin, Judith. *Women in Purple: Rulers of Medieval Byzantium*. Princeton University Press, 2001.

9. Madigan, Kevin. *Medieval Christianity*. Yale University Press, 2015.

10. Magnusson, Roberta. *Water Technology in the Middle Ages: Cities, Monasteries, and Waterworks after the Roman Empire*. Johns Hopkins University Press, 2001.

11. *Medieval West Africa: Views from Arab Scholars and Merchants*, edited and translated by Nehemia Levtzion and Jay Spaulding. Marcus Wiener Publishers, 2003.

12. Naswallah, Nawal. *Annals of the Caliphs' Kitchens: Ibn Sayyar al-Warraq's*

Tenth–Century Baghdadi Cookbook. Brill, 2007.

13. *A Renaissance Wedding: The Celebrations at Pesaro for the Marriage of Costanzo Sforza and Camilla Marzano d'Aragona, 26–30 May 1475*, edited and translated by Jane Bridgeman with Alan Griffiths. Brepols, 2013.

14. Sumption, Jonathan. *Pilgrimage: An Image of Medieval Religion*. Faber and Faber, 2002.

15. Truitt, E. R. *Medieval Robots: Mechanism, Magic, Nature, and Art*. University of Pennsylvania Press, 2015.

译名对照表

人名

Aaron 亚伦
Abaqa Khan 阿八哈可汗
Abu Bakr al-Jassas 阿布·巴克尔·亚萨斯
Abu Ja'far al-Idrisi 阿布·贾法·伊德里西
Abu Muhammad 阿布·穆罕默德
Abu Zayd al-Sirafi 阿布·扎伊德·西拉菲
Abu'l Hasan Mu'nis 阿布·哈桑·穆尼斯
Agnes Blannbekin 阿格尼斯·布兰贝金
Agnes la Paganam 阿涅丝·拉·帕加纳姆
Agobard 阿戈巴德
Ala al-Din 阿拉丁
Alexander the Great 亚历山大大帝
al-Hakim 哈基姆
Alice atte Hethe 爱丽丝·阿特黑瑟
al-Malik al-Kamil 马利克·卡米尔
al-Muqtadir 穆克塔迪尔一世
al-Taous 陶乌斯

Amadeus VIII of Savoy 萨伏伊的阿梅迪奥八世
Andrew de Toulongeon 安德鲁·德·图隆容
Andronikos II 安德罗尼卡二世
Anna Laminit 安娜·拉米尼特
Anselm of Canterbury 坎特伯雷的安瑟尔谟
Antoine de Bourbon 安托万·德·波旁
Aristotle 亚里士多德
Arwa 阿尔瓦
Barbara of Nicomedia 尼科米底亚的芭芭拉
Barjawan 巴尔贾万
Benjamin of Tudela 图德拉的本杰明
Bernard of Clairvaux 克莱尔沃的圣伯纳德
Bertok 贝尔托克
Bertrandon de la Broquière 伯特兰东·德·拉·布罗基耶尔
Bianca Maria Sforza 比安卡·玛丽·斯福尔扎
Birgitta of Sweden 瑞典的圣彼济达
Buzurg ibn Shahriyar 布祖格·伊本·沙赫里亚尔

Buzurg Ibn Shahriyar 巴尔扎克·本·山鲁亚尔
Camilla Marzano d'Aragona 卡米拉·马尔扎诺·德·阿拉戈纳
Caspar Wintzer 卡斯帕·温策尔
Catherine of Siena 锡耶纳的凯瑟琳
Cerball 科瓦尔
Charlemagne 查理曼大帝
Charles VI 查理六世
Christina of Markyate 马克耶特的克里斯蒂娜
Constantine VI 君士坦丁六世
Costanzo Sforza 科斯坦佐·斯福尔扎
Countess Matilda of Artois and Burgundy 阿图瓦与勃艮第的玛蒂尔达伯爵夫人
Da Canal 达·卡纳尔
Duchess Jeanne of Berry 贝里公爵夫人让娜
Duke Albrecht of Bavaria 巴伐利亚的阿尔布雷希特公爵
Duke Philip 菲利普公爵
Duke Siegmund of Austria and Tyrol 奥地利与蒂罗尔的西格蒙德公爵
Duke Sigismund 西吉斯蒙德公爵
Earl Rognvald 罗格瓦尔德伯爵
Elisabeth Achler von Reute 罗伊特的伊丽莎白·阿赫勒
Elyas of Wales 威尔士的伊莱亚斯
Emperor Maximilian 马克西米利安皇帝
Erik the Red 红胡子埃里克

Fedor Glowaty 费多尔·格罗瓦蒂
Felix Fabri 菲利克斯·法布里
Francis Bacon 弗朗西斯·培根
Frederick II 腓特烈二世
Gabriele Fonseca 加布里埃尔·丰塞卡
George Terter 格奥尔基·捷尔捷尔
Gertrude of Offenburg 奥芬堡的格特鲁德
Grendel 格伦戴尔
Guerin le Pioner 盖兰·勒·皮奥内尔
Gunther of Bamberg 班贝格的冈瑟
Hans Folz 汉斯·福尔茨
Hans Heckpecher 汉斯·赫克佩彻
Heilke of Staufenburg 施陶芬贝格的海尔克
Helene Kottanner 海伦娜·科坦纳
Helmschmied 赫尔姆施密特
Henry de Lincoln 亨利·德·林肯
Henry de Passelewe 亨利·德·帕瑟勒维
Henry Pecche 亨利·佩契
Henry VIII 亨利八世
Hermes Trismegistus 赫耳墨斯·特里斯墨吉斯忒斯
Hertiger 赫尔蒂格
Hildegard of Bingen 希尔德加德·冯·宾根
Hoyarbarach 霍亚尔巴拉赫
Hugeberc 胡格贝克
Hugh of Cluny 克吕尼的胡果
Ibn Al-Haj Al-Tilmsani al-Maghrabi 本·哈吉·提尔姆萨尼·马格拉比

Ibn Battuta 伊本·白图泰

Ibn Mankali 伊本·曼卡利

Irene 伊琳娜

Isidore 伊西多

Ivan Asen III 伊凡·阿森三世

Jacques le Francois 雅克·勒·弗朗索瓦

Jeanne d'Albret 阿尔布雷特的胡安娜

Jephthah 耶弗他

John Faukes 约翰·福克斯

John of Morigny 莫里尼的约翰

John Scotus Eriugena 约翰·司各特·爱留根纳

Joice de Cornwall 乔伊斯·德·康沃尔

Jonah 约拿

Jorg Rigler 约尔格·里格勒

Katharina Tucher 卡塔琳娜·图赫尔

Katherine of Alexandria 亚历山大的凯瑟琳

King Albrecht II 国王阿尔布雷希特二世

King Edward II 爱德华二世

King Francis I 国王弗朗索瓦一世

King Henry II of England 英格兰国王亨利二世

Kunigunde of Austria 奥地利的库妮根德

Lady Eglesia 伊格蕾西亚夫人

Leo V 利奥五世

Lidwina of Schiedam 斯希丹的利德温娜

Lioba 利奥巴

Lorenzo de Medici 洛伦佐·德·美第奇

mansa Musa of Mali 马里的穆萨国王

Marco Polo 马可·波罗

Margaret of Antioch 安条克的玛格丽特

Margaretha Beutler 玛格丽塔·博伊特勒

Margery de la Marche 玛格丽·德·拉·玛尔舍

Margery Kempe 玛格丽·坎普

Marie Robine 玛丽·罗宾

Mechthild of Magdeburg 马格德堡的梅希蒂尔德

Meshullam ben Menahem 米舒兰·本·梅纳赫姆

Michael I/II 米海尔一世/二世

Michael le Gaugeour 迈克尔·勒·高古尔

Mitso Asen 米措·阿森

Muhammad al-Hassan ibn Amr 穆罕默德·哈桑·本·阿穆尔

Nikephoros 尼基弗鲁斯

Nogaj 那海

Otto III von Hacheburg 奥托·冯·哈赫贝格三世

Panchihel 潘奇赫尔

Paschasius 帕斯卡修斯

Philip the Good of Burgundy 勃艮第的好人菲利普

Philipp Weiss von Limburg 菲利普·韦斯·冯·林堡

Philippa of Hainaut 埃诺的菲莉帕

Pierre de Vautrei 彼埃尔·德·沃特莱

Pietro Rombulo 皮耶特罗·隆布洛

Princess Euphrosyne 欧芙洛绪涅公主

Queen Elisabeth 伊丽莎白王后
Regina Koch 雷吉娜·科赫
Richard le Rakiere 理查德·勒·拉齐尔
Ridwan al-Farras 利德万·法拉斯
Rigord 里戈尔
Robert Bernard 罗伯特·伯纳德
Robert de Exeter 罗伯特·德·埃克塞特
Robert Ingram 罗伯特·英格拉姆
Robert of Ketton 凯顿的罗伯特
Roger de Lincoln 罗杰·德·林肯
Rollo 罗洛
Romanos Lekapenos 罗曼努斯·利卡潘努斯
Rustam 罗斯坦
Rusticello 鲁斯蒂谦
Saint Elisabeth of Hungary 匈牙利的圣伊丽莎白
Saladin 萨拉丁
Simon Helgey 西蒙·海尔吉
Simon 西门
Simondis 西莫妮斯
Sitt al-Mulk 西特·穆尔克
Sophia Voit of Nuremberg 纽伦堡的索菲亚·沃伊特
St. George 圣乔治
St. Louis 圣路易
St. Nicolas 圣尼古拉
Staurakios 斯陶拉基奥斯
Teresa de Cartagena 特蕾莎·德·卡塔赫纳
Theodora 狄奥多拉

Theodore 西奥多
Theodosia 狄奥多西亚
Theophilos 狄奥斐卢斯
Theophilus 西奥菲勒斯（安纳托利亚主教）
Thomas Aquinas 托马斯·阿奎纳
Thomas atte Chirch 托马斯·阿特·彻奇
Thomas de Bristol 托马斯·德·布里斯托
Timur 帖木儿
Toqta 脱脱
Ulrich Ellenbog 乌尔里希·埃伦伯格
William Chetulton 威廉·切托顿
William Marshal 威廉·马歇尔
William Porland 威廉·波尔兰
Willibald of Eichstätt 艾希施泰特的威利巴尔德
Woden 沃登

地名

Aachen 亚琛
Acton 阿克顿
Anatolia 安纳托利亚高原
Andalusia 安达卢西亚
Aragon 阿拉贡
Armenia 亚美尼亚
Artois 阿图瓦
Augsburg 奥格斯堡
Baddington 巴丁顿
Baffin Bay 巴芬湾

Baghdadi 巴格达迪
Baker Lane 面包师巷
Bardejov 巴尔代约夫
Bari 巴里
Beirut 贝鲁特
Birka 比尔卡
Bristol 布里斯托尔
Broomhall 布鲁姆霍尔
Budleigh 巴德莱
Burgundy 勃艮第
Bursa 布尔萨
Canterbury 坎特伯雷
Capua 卡普亚
Chertsey 切特西
Cheshire 柴郡
Conques 孔克
Constance 康斯坦茨
Devon 德文
Dorset 多塞特郡
Exeter 埃克塞特
Flanders 佛兰德
Galilee 加利利
Genoa 热那亚
Goslar 戈斯拉尔
Iwalata 伊瓦拉塔镇
Jaffa 雅法
Jordan River 约旦河
Kent 肯特
Leicester 莱斯特
Lombardy 伦巴第
Magdeburg 马格德堡

Marburg 马尔堡
Myra 米拉
Navarra 纳瓦拉
Nottingham 诺丁汉
Nuremberg 纽伦堡
Osraige 奥索里
Pesaro 佩萨罗
Pitres 皮特尔
Regensburg 雷根斯堡
Reute 罗伊特
Samarra 萨马拉
Saqqara 塞加拉
Sens 桑斯
Siena 锡耶纳
Sinai Desert 西奈沙漠
St.-Denis 圣丹尼斯
Surrey 萨里
Sussex 苏塞克斯
Tauriana 陶里亚纳
Taurus Mountains 托罗斯山脉
Tinnis 提尼斯
Tirol 蒂罗尔
Tudela 图德拉
York 约克

专有名词

Bal des Ardents 火人舞会
bearward 饲熊人
Berbers 柏柏尔人
coppewebbe 蜘蛛网

dar al-Islam 伊斯兰地区
deus ex machina 天降神兵
dracontite 龙晶
Eucharist 圣餐
Feast of Pheasant 雉鸡之宴
funduqs 驿站
Golden Horde 钦察汗国
Great Schism 天主教会大分裂
hagiography 圣徒传记
hajj 朝觐
Ilkhanate 伊利汗国
Katherine Wheels 凯瑟琳礤轮
Mass 弥撒
Mediatrix 中保

monoceros 单角兽
mummia 木乃伊粉
Oath of the Pheasant 雉鸡之誓
pauliani 保罗传人
pipe and tabour 笛鼓乐
Pogrom 反犹暴乱
population sinks 人口池
Sámi peoples 萨米人
stigmata 圣伤
theriac 底也迦
tyrus 提罗蛇
vielle 维耶勒琴
vikingr 维京人
zurafa 祖剌法